Roland Rauter

einfach vegan
draußen kochen
VON GRILLEN BIS PICKNICK

Schirner Verlag

ISBN 978-3-8434-1105-9

ROLAND RAUTER
EINFACH VEGAN – DRAUSSEN KOCHEN
VON GRILLEN BIS PICKNICK

© 2013 Schirner Verlag, Darmstadt

Umschlag & Satz: Silja Bernspitz, aprilfrisches
Fotografien: Alexandra Schubert
Icons: 32317574 © guukaa, 40403963 © Sam,
44907610 © Sam, www.fotolia.com
Redaktion: Katja Hiller, Schirner
Printed by: ren medien, Filderstadt, Germany

www.schirner.com

1. Auflage Juni 2013

Alle Rechte der Verbreitung, auch durch Funk,
Fernsehen und sonstige Kommunikationsmittel,
fotomechanische oder vertonte Wiedergabe
sowie des auszugsweisen Nachdrucks vorbehalten

Roland Rauter

einfach vegan
draußen kochen

VON GRILLEN BIS PICKNICK

Inhalt

10 Genießen Sie die vegane Vielfalt des Kochens in der Natur!

Guten Appetit!

16 Lagerfeuer // Dutch Oven
19 Bohneneintopf
mit Polentaknödeln
21 Käsespätzle
23 Rosmarinkartoffeln
mit Zaziki aus dem Römertopf – im Lagerfeuer zubereitet
25 Scharfe Nudelpfanne
aus dem Lagerfeuer
27 Seitanpfanne
im Pitabrötchen
29 Sojaschnetzel-Kartoffel-Gulasch
31 Stockbrot

32 Grill
35 Antipasti-Sandwich
37 Arabische Kartoffelbratlinge
an Balsamicoschalotten und Salatherzen
41 Artischocken
mit Wasabimayonnaise
43 Auberginenburger
45 Auberginenröllchen
mit veganem Käse auf Radicchiosalat
47 Auberginensalat
mit marinierter Petersilie

4   einfach vegan – – draußen kochen / Inhalt

49 Bärlauchgrillkäse
mit Gurken-Tomaten-Salat

51 Brokkoli
mit Reisbratlingen

53 Cevapcici
mit geschmortem Gemüse und Preiselbeermarmelade

55 Chicorée
mit Kartoffelscheiben und Zitronendip

57 Dinkel-Kohlrouladen
mit Haselnussbutter

59 Erdbeeren vom Grill
mit Apfel-Lavendel-Sorbet

61 Fenchelsalat

63 Gebackene Birne
mit Schokoladensauce

65 Gebackene Kartoffeln
mit Erbsencreme und Tomatensalat

67 Gebackene Topinambur

69 Gebratene Nudeln
mit Gemüse

71 Gefüllte Champignons
mit Bohnencreme auf Ciabatta

73 Gefüllte Rote Bete
auf weißer Pfefferpolenta mit Balsamicobutter

75 Gefüllte Zwiebeln
mit Salat aus grünen Bohnen

79 Gegrillte Avocado
mit Tomatensalsa

81 Gegrillte Babymaiskolben
Tomaten-Chili-Dip + Knoblauch-Gurken-Dip

83 Gegrillte Birnen
an Portulaksalat mit Granatapfel

Inhalt / draußen kochen – einfach vegan 5

85 Gegrillte Mango
mit Mangomark

87 Gemüsepaella

89 Geschmorte Pastinaken

91 Geschmorter Knoblauch
auf Thymianfladen

93 Grießschnitte
mit marinierten Erdbeeren

95 Himbeeren im Reisblatt
mit Himbeermark

97 Hirse-Bärlauch-Bratlinge
mit Shiitake und gegrillten Tomaten

99 Karamellisierte Kochbananen
mit Cranberrysauce

101 Kichererbsenburger
mit Wedges und Maiskolben

105 Kochbanane
mit Avocadodip

107 Kürbis
auf Bulgursalat

109 Kürbisspieß im Wrap
mit Avocadodip

113 Okraschotencurry
aus dem Wok

115 Orientalische Kichererbsenspieße

117 Pancakes
mit gebratenen Apfelspalten

119 Paprikagrillkäse
mit lauwarmem Tomatensalat

121 Pfannengyros
in Pitabrot

6   einfach vegan – – draußen kochen / Inhalt

123 Pfefferpolenta
mit Wurzelgemüse und Erbsencreme

125 Pimientos
mit Kräuterbaguette

127 Rolands Quesadillas
mit Süßkartoffelsalat

129 Rote-Bete-Salat en papillote
vom Grill

131 Rustikaler Pizzafladen

133 Sauerkraut-Kartoffel-Bratlinge
mit Kürbis-Apfel-Chutney

135 Schalotten-Chili-Spieße
mit Kichererbsensalat

137 Schnelle Birnentarte

139 Schwarze-Bohnen-Frikadellen
mit Mangosalat

141 Schwarzwurzeln
auf Linsensalat mit feuriger Sauce

143 Seitanröllchen
auf Pusztakrautsalat und Senfragout

147 Seitan-Tandoori-Spieße

149 Selleriesteaks
mit mariniertem Wurzelgemüse und Sesambutter

151 Spargel
mit Rucoladressing

153 Spitzpaprika
mit Kartoffelfüllung auf Spinatsalat

155 Steckrübenscheiben
mit Orangen-Wirsing-Salat

157 Steinpilze
an Blattsalaten mit Himbeerdressing

Inhalt / draußen kochen – einfach vegan 7

159 Süßkartoffeln
mit Knoblauchgurken

161 Tofuecken
mit Gurkensalat

163 Tofuspieß
auf Krautsalat

165 Walnuss-Tofu-Bratlinge
am Spieß auf Bohnensalat

167 Weißbrot
aus dem Römertopf – im Kugelgrill zubereitet

169 Wokkürbis

170 Picknick

173 Aprikosen-Mohn-Kuchen

175 Bagel
mit Kartoffel-Karotten-Creme

177 Buchweizenpfannkuchen
mit Brokkoli-Kartoffel-Füllung

179 Chapati –
indisches Fladenbrot

181 Erdäpfelkas und Liptauer
mit Brötchensonne

185 Gefülltes Picknickbrot

187 Gemüsepasteten

189 Griechisches Halva
mit marinierten Erdbeeren

191 Karottenhummus
mit Gemüsesticks

193 Kleine Gemüsestrudel

195 Nudelsalat
für unterwegs

197 Nussecken
199 Polentaspieße
201 Schokokuchen im Glas
203 Spinatauflauf
205 Spinattaschen
207 Veganes Temaki

208 Allerlei für drauf und dran

211 Grillbutter
211 Balsamicobutter + Chilibutter + Knoblauchbutter
211 Kräuterbutter + Nussbutter + Zitronenbutter
212 Kräuterbutter + Nussbutter + Zitronenbutter

214 Marinaden
214 Barbecue-Marinade + Einfache Marinade
215 Gewürzmischung 1 + Gewürzmischung 2 + Joghurtmarinade
216 Orangen-Sesam-Marinade + Süße Chilimarinade + Zitronenmarinade

217 Grillsaucen
217 Aioli + Apfelkren + Apfel-Walnuss-Sauce
218 Aprikosensenf + Cocktailsauce + Feurige Sauce 1
218 Aprikosensenf + Cocktailsauce + Kräuterdip + Mayonnaise
219 Feurige Sauce 2 + Ketchup + Kräuterdip + Mayonnaise
220 Spezialsenf + Senfragout + Zwiebelsenf

221 Dressings für jede Gelegenheit
221 Balsamicodressing + Chilidressing + Knoblauchdressing
222 Balsamicodressing + Chilidressing + Knoblauchdressing
223 Kräuterdressing + Thousand-Island-Dressing

224 Und noch was Leckeres
225 Veganer Frischkäse + Maiwipferlhonig

228 Rezeptregister von a bis z
231 Der Koch + Die Fotografin

Genießen Sie die vegane Vielfalt des Kochens in der Natur!

»Draußen essen« war der Arbeitstitel zu diesem Buch. Aber was bedeutet das? Was macht das Essen im Freien aus? Und wie kocht man draußen? Ich stand 25 Jahre selbst in der Küche und am Herd, und ich hatte das Glück, durch meinen Beruf etwas von der Welt zu sehen. Als ich mit 19 Jahren das erste Mal zum Arbeiten in Griechenland war, tat sich mir eine neue, eine fantastische Welt auf. Jeder, der im Urlaub schon einmal an einem knisternden Lagerfeuer am Meer gesessen und bei einer Flasche Rotwein und gutem Essen den Abend genossen hat, weiß, wovon ich schreibe. Ich kannte von zu Hause nur das Grillen im Sommer im eigenen Garten, und bereits damals war ich fasziniert von den Möglichkeiten des Kochens außerhalb der Küche. In Griechenland und auch in anderen mediterranen Ländern, die ich noch bereisen durfte, ging es für mich noch ein ganzes Stück weiter auf dieser besonderen Reise der lukullischen Genüsse.

Wie herrlich das Kochen und das Genießen in der Natur doch sind! Ich bin davon überzeugt, dass beim Essen unter freiem Himmel durch diese spezielle Stimmung der Geschmack der Speisen intensiver wahrgenommen wird als in geschlossenen Räumen. Das ist für mich Genuss mit allen Sinnen!

In diesem Buch zeige ich Ihnen einige Facetten des veganen Kochens und Genießens im Freien. Es gibt Rezepte, die sich ganz wunderbar am Lagerfeuer umsetzen lassen. Sie finden aber auch beispielsweise feine Desserts vom Grill oder einige Anregungen von mir, den guten alten Picknickkorb zu packen – mit neuen veganen Leckereien. Mit ganz wenigen Hilfsmitteln kann man so vielfältig draußen kochen, es muss nicht immer der klassische Gemüsespieß sein. Und es gibt auch noch viel mehr als den Kugelgrill. Mit dem Wok, dem Gaskocher oder dem Dutch Oven kann man unter freiem Himmel so gut wie jedes Gericht zubereiten.

Wenn Sie die Faszination des Kochens am offenen Feuer erst einmal gepackt hat, werden Sie erstaunt sein, welche Ideen Sie plötzlich

haben. Ich garantiere Ihnen, dass diese Art des Kochens Suchtpotenzial hat. Meist fängt es mit einem einfachen kleinen Grill an, und plötzlich hat man eine gemauerte Grillstation inklusive Tandoori und Pizzaofen im Garten stehen.

Also, worauf warten Sie noch? Greifen Sie zum Telefon, und laden Sie ein paar Freunde zum Essen im Freien ein – egal, ob bei Ihnen zu Hause oder auf einer schönen Wiese. Genießen Sie die vegane Vielfalt des Kochens in der Natur!

HOLZKOHLE, GAS ODER ELEKTRO?

Diese Grundsatzfrage wird Ihnen jeder Grillbegeisterte anders beantworten. Ich bin ein Fan von Holzkohle und vom Kochen mit festen Brennstoffen. Für welche Variante Sie sich entscheiden, sollte von Ihren Bedürfnissen und Möglichkeiten abhängen. Wenn Sie einen Garten haben und Ihnen das Hantieren mit heißer Kohle und das Entsorgen der Asche nichts ausmachen, können Sie sich getrost für einen Kohlegrill entscheiden. Lieben Sie es bequemer, entscheiden Sie sich für Gas – meiner Meinung nach eine großartige Alternative zur Holzkohle. Wenn Sie nur einen kleinen Balkon haben, ist der Elektrogrill das Gerät für Sie. Aber alle Grillgeräte haben ihre Vor- und Nachteile. Also gilt es abzuwägen, welcher Grilltyp Sie sind.

VORSICHTSMASSNAHMEN

Seien Sie, egal, welches Gerät Sie verwenden, immer ganz bei der Sache. Befolgen Sie die empfohlenen Sicherheitsmaßnahmen, und lassen Sie Ihren Grill niemals unbeaufsichtigt. Halten Sie immer passendes Löschmaterial griffbereit, bevor Sie mit dem Grillen beginnen. Ich kann Ihnen die Anschaffung einer Löschdecke und eines passenden Feuerlöschers nur wärmstens empfehlen.

Wer das erste Mal grillt, handelt aus meiner Sicht fahrlässig, wenn er sich vor der Inbetriebnahme seines Grills die Gebrauchsanleitung nicht genau durchliest. Beachten Sie auch, dass Grillgeräte, insbesondere Holzkohlegrills, sehr heiß werden können. Grillen Sie also nur im Freien und mit genügend Sicherheitsabstand zu brennbarem Material.

GRILLMETHODEN

Die bekannteste Methode ist das direkte Grillen. Dabei wird das Grillgut direkt über der Glut platziert. Beim indirekten Grillen hingegen wird es meist in der Mitte und die Glut links und rechts daneben bzw. etwas versetzt unter dem Grillgut platziert. Für dieses Verfahren benötigt man jedoch einen Grill, der sich schließen lässt, z.B. einen Kugelgrill. Die Hitze wirkt hier nicht direkt auf das Grillgut ein, sondern wird an der Innenseite des Grills reflektiert. Beim indirekten Grillen gart man also schonender und gleichmäßiger.

WAS EIGNET SICH ZUM GRILLEN?

Die Frage müsste eigentlich lauten: Was eignet sich nicht zum Grillen? Heutzutage gibt es so viel Zubehör für fast jeden Grilltyp – vom klassischen Rost über Paella-Pfannen bis hin zum Wok. Somit sind der Fantasie am Grill keine Grenzen gesetzt.

Die Frage müsste eigentlich lauten: Was eignet sich nicht zum Grillen?

WELCHES GEMÜSE KANN ICH GRILLEN?

Grundsätzlich eignet sich jedes Gemüse auch für die Zubereitung auf dem Grill. Sie sollten jedoch auf die Beschaffenheit des Gemüses achten. Karotten beispielsweise, also ein relativ festes Gemüse, kochen Sie am besten kurz vor. Oder Sie zerkleinern sie, beträufeln sie mit einigen Tropfen Zitronensaft und Öl und wickeln sie in Alufolie ein. Beim Einkauf von Gemüse sollten Sie grundsätzlich darauf achten, dass es frisch ist und dem regionalen und saisonalen Angebot entstammt. Allein dadurch ist Ihnen bereits Abwechslung auf dem Teller garantiert.

Da Gemüse im Gegensatz zu Fleisch nicht mit Fett durchzogen ist, sollten Sie es, wenn Sie es direkt grillen möchten, immer dünn mit etwas Pflanzenöl bestreichen. Ich mariniere mein Gemüse meist etwa 1 Stunde vor dem Grillen. Mit etwas Pflanzenöl, einigen Tropfen Balsamicoessig und frisch gehackten Kräutern ist rasch eine Marinade gezaubert. Selbst gemachte Gewürzmischungen sind ebenfalls sehr schnell hergestellt und bringen weitere geschmackliche Vielfalt in Ihre Küche.

WELCHES GRILLZUBEHÖR BRAUCHE ICH?

Mit dem Standardrost, der bei jedem Grill mitgeliefert wird, lassen sich schon sehr viele Gerichte realisieren. Für das Grillen von Gemüse, Polenta oder auch Gemüseburgern lohnt sich jedoch die Anschaffung einer gelochten Grillpfanne oder einer gusseisernen Platte, mit der man auch die typischen Grillstreifen problemlos erhält. Mit Grillpfanne, Gussplatte und Pizzastein können Sie beim Grillen auch den Einsatz von Alufolie stark einschränken und somit die Umwelt schonen. Auch das Grillergebnis wird wesentlich davon profitieren. Zudem empfiehlt sich die Anschaffung eines qualitativ hochwertigen Grillbestecks, eines Silikonpinsels

zum Bestreichen des Grillguts und von Grillhandschuhen, die das Hantieren am Grill enorm erleichtern. Je nach Hersteller der Grills erhalten Sie auch verschiedene Systemroste, die in der Mitte eine herausnehmbare Einsatz haben, in die man einen Wok oder sonstiges Zubehör platzieren kann.

ZUBEREITUNGS- UND GARZEITEN

Alle Angaben in den Rezepten sind Richtwerte und können von Köchin zu Koch variieren. Die Garzeit hängt beim Grillen von Gemüse davon ab, ob und wie lange man es vorgegart hat, und natürlich auch von der Hitze im Grill. Auch der Abstand des Rosts oder der Grillplatte beeinflusst die Gardauer. Hier gilt es, ein Gefühl für den eigenen Grill zu entwickeln. Nehmen Sie sich beim Kochen im Freien Zeit, und verlassen Sie sich nicht nur auf die Uhr, sondern auch auf Ihre Intuition und Erfahrung. Wenden Sie das Grillgut beispielsweise erst, wenn Sie glauben, dass es soweit ist, und vergessen Sie für einen herrlichen Augenblick alle Zeitangaben und Tabellen. Der wahre Genuss am Grillen ist doch, wenn sich bei Ihnen das Gefühl dafür einstellt, dass Sie genau wissen, was wann zu tun ist.

WANN IST DAS GEMÜSE FERTIG?

Grundsätzlich ist dies ein wenig von den persönlichen Vorlieben abhängig. Ich bevorzuge es, wenn Gemüse noch etwas Biss hat und nicht zu weich gegart ist. Wenn Sie es jedoch etwas weicher mögen, grillen Sie es einige Minuten länger. Achten Sie darauf, das Gemüse nicht zu klein zu schneiden, weil es sonst zu leicht verbrennt. Ein guter Richtwert ist die Dicke eines Zeigefingers. Außerdem ist es wichtig, dass die Auflagenfläche des Gemüses so groß wie möglich ist. Wenn Sie zum Beispiel Spieße stecken, schneiden Sie alle Gemüsesorten gleich groß, damit alle Komponenten Kontakt mit dem Rost oder der Grillplatte haben. Für das Grillen von Gemüse eignet sich meiner Erfahrung nach am besten das Grillen bei direkter Hitze. Die Temperatur, die dabei erreicht wird, liegt erfahrungsgemäß zwischen 170 °C und 220 °C, kann aber auch 300 °C betragen. Je nach Hitze des Grills wird das Zubereiten mal kürzer mal länger dauern. Versuchen Sie jedoch, das Grillgut so selten wie möglich zu wenden.

Einleitung / draußen kochen – einfach vegan

TEMPERATUREN IM GRILL

Die meisten neueren Kugelgrills haben ein eingebautes Thermometer im Deckel. Bei direktem Grillen muss man sich auf sein Gefühl verlassen. Es gibt jedoch zum Überprüfen der Hitze im Grill einen Trick, den man mit etwas Übung rasch beherrscht. Halten Sie die flache Hand in einem Abstand von ca. 15 cm über die Glut, und zählen Sie die Sekunden, bis Sie die Hitze nicht mehr aushalten.

1 – 3 Sekunden = sehr starke Hitze
3 – 6 Sekunden = mittlere Hitze
6 – 9 Sekunden = schwache Hitze

Die Hitzeeinwirkung auf das Grillgut lässt sich durch den Abstand des Rosts zur Glut variieren. Man kann die Temperatur im Grill aber auch durch Auseinanderziehen der Glut senken. Um mehr Hitze zu erhalten, schieben Sie die Glut zusammen und legen eventuell am äußeren Rand der Glut zusätzlich Holzkohle oder Grillbriketts nach.

WAS BEI DEN REZEPTEN ZU BEACHTEN IST

Alle Gerichte sind in der Regel für 4 Personen zusammengestellt, alle Abweichungen stehen bei den Rezepten. Wenn ich für das Gericht einen Dutch Oven verwende, soll das nicht heißen, dass Sie sich auch einen Dutch Oven kaufen müssen, falls Sie keinen besitzen. Sie finden sicherlich ein anderes passendes Gerät für Ihren Grill, in dem das Gericht genauso gut gelingt. Schauen Sie einmal in Ihrem Küchenschrank nach, ob dort nicht irgendwo ein gusseiserner Wok verstaubt. Mit dem klappt es ebenso.
Auf das Waschen und Putzen des Gemüses gehe ich bei den einzelnen Rezepten nicht näher ein. Es ist selbstverständlich, dass Sie jedes Gemüse vor der Verwendung reinigen. Knoblauch oder Kartoffeln beispielsweise werden immer nur dann ungeschält verarbeitet, wenn dies im Rezept steht.
Bei einigen Rezepten erfolgt die Zubereitung im Römertopf, die etwas in Vergessenheit geraten ist – zu Unrecht, wie ich meine. Ein Römertopf eignet sich nicht nur großartig zum Backen von Brot, auch Schmorgerichte gelingen darin sensationell. Legen Sie den Römertopf am besten über Nacht in einen Eimer mit Wasser. Er sollte vollständig von Wasser bedeckt sein. Lassen Sie den Rö-

mertopf vor der Verwendung gut abtropfen, und fetten Sie ihn anschließend ein. Vergessen Sie den Deckel dabei nicht. Das Einfetten entfällt, wenn Sie den Zutaten ausreichend Öl hinzufügen, z.B. bei Rosmarinkartoffeln.

Beim Grillen kommt es darauf, mit Glut und Hitze umgehen zu lernen. Jeder Grillfreund stellt sich die Frage: Wann ist der richtige Zeitpunkt, mein Grillgut auf den Rost zu legen. Zusätzlich schwierig wird dies, wenn sich Gerichte aus mehreren Bestandteilen zusammensetzen. Gerade dann ist es wichtig, zuerst das Grillgut auf den Rost zu legen, das etwas mehr Hitze verträgt und am längsten braucht. Erst danach legen Sie die anderen Bestandteile des Gerichts dazu. Teilen Sie sich die Zeit so ein, dass möglichst alle Komponenten gleichzeitig gar sind.

Noch ein Tipp zum Würzen: Würzen ist eine Gefühlssache! Manches kann man zwar in TL oder g angeben, aber eben nicht alles. Und geben Sie Kräuter erst kurz vor Ende der Kochzeit hinzu. Versuchen Sie eine Sauce einmal sofort nach dem Würzen, dann 2 Minuten später und ein weiteres Mal nach 10 Minuten. Sie werden erleben, wie sich Geschmack entfaltet. Kochen Sie aber die Kräuter nicht zu lange mit, dann verfliegt das Aroma. Geben Sie auch nicht immer alles auf einmal hinein, sondern würzen Sie in kleinen Schritten. Würzen ist eine Übungssache, und man lernt dabei nie aus. Das ist auch das Schöne an meinem Beruf. Man kann jeden Tag Neues entdecken oder etwas neu interpretieren. Also trauen Sie sich ruhig, so zu würzen, wie es Ihnen schmeckt.

Gutes Gelingen!
IHR ROLAND RAUTER

Guten Appetit!

Tipp: Wer es schärfer und etwas ausgefallener liebt, kann das Paprikapulver durch süßes geräuchertes Paprikapulver ersetzen. Nehmen Sie dann aber nur ½ EL Paprikapulver.

Bohneneintopf
mit Polentaknödeln

FÜR DIE KNÖDEL

500 g Wasser
130 g Polenta
6 EL Soja Cuisine
2 EL Olivenöl
1 Prise Muskatnuss
Salz und Pfeffer aus der Mühle

FÜR DEN EINTOPF

1,2 l Gemüsebrühe
150 g grüne Bohnen
100 g getrocknete weiße Bohnen
100 g Champignons
100 g Zwiebeln
80 g getrocknete rote Bohnen
2 Kartoffeln
3 Knoblauchzehen
1 Karotte
1 rote Paprika
½ fein gehackte Chilischote
5 EL Rapsöl
1 EL edelsüßes Paprikapulver
1 EL Tomatenmark
2 Lorbeerblätter
1 TL Majoran
Salz und Pfeffer aus der Mühle

ZUBEREITUNGSZEIT: CA. 70 MIN.
EINWEICHZEIT: CA. 12 STUNDEN
KOCHZEIT: CA. 40 MIN.

ZUBEREITUNG DER KNÖDEL

Wasser mit Salz, Pfeffer und Muskatnuss aufkochen. Unter ständigem Rühren die Polenta einrieseln lassen, damit sich keine Klümpchen bilden. Polenta ca. 10 Minuten auf kleiner Flamme quellen lassen. Dabei regelmäßig umrühren und Olivenöl in die Polenta einrühren. Die Masse sollte recht dick werden, dann vom Herd nehmen und etwas abkühlen lassen. Danach die Soja Cuisine unter die Polenta rühren und aus dem Teig ca. 3−4 cm große Knödel formen. Diese auf einen Teller legen, mit Frischhaltefolie bedecken und im Kühlschrank ca. 1 Stunde ruhen lassen.

ZUBEREITUNG DES EINTOPFS

Getrocknete Bohnen über Nacht einweichen lassen. Abgetropfte Bohnen ca. 1 Stunde mit reichlich frischem Wasser weich kochen. Grüne Bohnen putzen und in ca. 1 cm große Stücke schneiden. Bohnenstücke in leicht gesalzenem Wasser bissfest garen, abgießen und mit kaltem Wasser abschrecken. Zwiebeln in ca. 5 mm große Würfel schneiden. Karotte in dünne Scheiben schneiden. Champignons putzen und ebenfalls in Scheiben schneiden. Paprika halbieren, Kerngehäuse entfernen und Paprika in kleine Würfel schneiden. Knoblauch fein hacken.
Den Dutch Oven oder einen Wokeinsatz für den Grill erhitzen. Rapsöl in den Dutch Oven geben und Zwiebeln darin goldbraun anbraten. Champignons hineingeben und kurz mit braten. Tomatenmark und Paprikapulver dazugeben und alles kräftig durchrühren. Mit der Gemüsebrühe ablöschen und aufkochen lassen. Weiße und rote Bohnen, Karotten, Paprika, Knoblauch und Lorbeerblätter hineingeben und den Eintopf je nach Hitze 15−20 Minuten köcheln lassen. Kartoffeln fein reiben und dazugeben. Den Eintopf sämig einkochen lassen. Dann die grünen Bohnen, Majoran und Chili dazugeben und mit Salz und Pfeffer abschmecken. Die Polentaknödel in den Bohneneintopf legen und unter vorsichtigem Rühren durchziehen lassen.

Tipp: Ich mache die Käsespätzle am liebsten im Dutch Oven. Sie gelingen aber auch problemlos im Wokeinsatz oder in einer schweren gusseisernen Pfanne, die man einfach auf die Mitte des Grillrosts stellt.

Käsespätzle

FÜR DIE SPÄTZLE
500 g helles Weizenmehl
400 ml Wasser
100 ml Sojadrink
5 EL Rapsöl
1 Prise Muskatnuss
Salz und weißer Pfeffer
aus der Mühle

FÜR DIE KÄSESAUCE
300 ml Wasser
150 ml Hafer Cuisine
100 g Cashewkerne
40 g vegane Margarine
40 g helles Weizenmehl
5 EL Hefeflocken
1 TL Zitronensaft
2 Knoblauchzehen
Salz und Pfeffer aus
der Mühle

AUSSERDEM
200 g Zwiebeln
4 EL Rapsöl

Für die Spätzle Mehl mit Wasser, Sojadrink, 2–3 EL Rapsöl, Muskatnuss, Salz und Pfeffer in einer Schüssel mit einem Kochlöffel zu einem glatten Teig verarbeiten. Der Teig sollte zäh und nicht zu flüssig sein. Reichlich leicht gesalzenes Wasser in einem großen Topf zum Kochen bringen und den Teig durch einen Spätzlehobel in das kochende Wasser reiben. Spätzle einmal aufkochen lassen, abgießen, mit 2–3 EL Rapsöl beträufeln und durchmischen. Für die Sauce Cashewkerne, Hefeflocken, Knoblauch, Wasser, Hafer Cuisine und Zitronensaft im Mixer fein pürieren. Zwiebeln halbieren und in dünne Streifen schneiden. Den Dutch Oven erhitzen, Rapsöl hineingeben und Zwiebeln darin goldbraun anrösten. Diese danach beiseitestellen. Margarine für die Käsesauce in den Dutch Oven geben und schmelzen lassen. Mehl dazugeben und kurz mitrösten. Sauce unter ständigem Rühren mit dem langen Schneebesen dazugeben und aufkochen lassen. Die Sauce ca. 10 Minuten bei geringer Hitze unter ständigem Rühren köcheln lassen, dann die Spätzle in die Sauce geben und heiß werden lassen. Alles mit Salz und Pfeffer abschmecken. Geröstete Zwiebeln darauf verteilen und eventuell noch mit gehackter Petersilie oder frisch geschnittenem Schnittlauch bestreuen und am besten im Topf oder in der Pfanne servieren.

ZUBEREITUNGSZEIT: CA. 30 MIN. **GRILLZEIT:** CA. 15 MIN.

Tipp: Sie können die Rosmarinkartoffeln auch 1 Stunde lang bei 220 °C im Ofen backen.

Rosmarinkartoffeln
mit Zaziki aus dem Römertopf – im Lagerfeuer zubereitet

FÜR DIE ROSMARINKARTOFFELN
1 kg Kartoffeln
50 ml Rapsöl
5 Knoblauchzehen
2 Chilischoten
½ Bund Rosmarinzweige
Meersalz und Pfeffer aus der Mühle

FÜR DAS ZAZIKI
2 Gurken
100 g Seidentofu
100 g Sojajoghurt
2 fein gehackte Knoblauchzehen
4 EL frisch gehackter Dill
1 TL gemahlener Kreuzkümmel
Salz und weißer Pfeffer aus der Mühle

ZUBEREITUNG DER KARTOFFELN
Rosmarin hacken. Kartoffeln gründlich waschen, in eine Schüssel geben und mit Rapsöl, Meersalz, Pfeffer und Rosmarin würzen. Knoblauch mit Schale und die ganzen Chilischoten hinzugeben. Alles gut vermischen und ca. 30 Minuten ziehen lassen. Danach die Rosmarinkartoffeln in den Römertopf füllen, zudecken und in die Glut des Lagerfeuers stellen. Die Glut rund um den Römertopf schichten und die Kartoffeln ca. 1 Stunde backen lassen. Die Garzeit hängt auch von der Menge und der Hitze der Glut ab.

ZUBEREITUNG DES ZAZIKIS
Gurken waschen, grob raspeln, leicht salzen und ca. 10 Minuten ziehen lassen. Danach die Gurken mit den Händen gründlich ausdrücken und Gurkenwasser abgießen. Seidentofu und Sojajoghurt mit einem Stabmixer zu einer glatten Creme verarbeiten. Gurken unter die Creme heben und mit Knoblauch, Salz, Pfeffer, Dill und Kreuzkümmel abschmecken.

Die Kartoffeln mit dem Zaziki servieren.

ZUBEREITUNGSZEIT: CA. 10 MIN.
MARINIERZEIT: CA. 30 MIN. **GRILLZEIT:** CA. 40 MIN.

Scharfe Nudelpfanne
aus dem Lagerfeuer

400 g Lumaconi oder andere große Nudeln

FÜR DIE TOMATENSAUCE
600 ml geschälte & gehackte Tomaten aus der Dose
300 ml Gemüsebrühe
2 Zwiebeln
2 Knoblauchzehen
5 EL Olivenöl
5 EL Tomatenmark
2 Lorbeerblätter
1 fein gehackte Chilischote
2 EL fein gehacktes Basilikum
2 EL fein gehackter Rosmarin
1 EL fein gehackter Oregano
1 EL fein gehackter Thymian
1 EL brauner Zucker
Salz und weißer Pfeffer aus der Mühle

Zwiebeln und Knoblauch fein hacken. Auf einem Dutch-Oven-Gestell ein kleines Lagerfeuer entzünden und 7–8 Grillbriketts dazugeben. Wenn das Feuer etwas abgeklungen und die Kohle durchgeglüht ist, einen gusseisernen Topf oder einen Wok auf die Glut stellen. Olivenöl hineingeben und Zwiebeln sowie Knoblauch unter ständigem Rühren anbraten lassen. Tomatenmark dazugeben und kurz mitrösten. Tomatenstücke und Gemüsebrühe hinzugeben und mit Salz, Pfeffer, Zucker und Lorbeerblättern würzen. Alles einmal aufkochen lassen, dann die Nudeln in die Tomatensauce geben. Diese unter ständigem Rühren weich kochen lassen. Die Tomatensauce darf zuerst nicht zu dick einkochen, also immer wieder ein wenig Wasser hinzufügen. Wenn die Nudeln gar sind, sollte die Tomatensauce eine sämige Konsistenz haben. Dann Rosmarin, Oregano, Thymian und Chili dazugeben und alles mit Salz und Pfeffer abschmecken.

Vor dem Servieren die Nudeln mit dem Basilikum bestreuen.

VORBEREITUNGSZEIT: CA. 20 MIN. **GARZEIT:** CA. 20 MIN.

Dieses Gericht ist nicht ganz so einfach, wie man denkt. Aber es macht Spaß, Nudeln einmal so zuzubereiten. Besonders wenn man mit Freunden um das Lagerfeuer sitzt, ist Kochen für jeden ein Erlebnis!

Lagerfeuer / draußen kochen – einfach vegan

Tipp: Die Seitanpfanne kann mit allerlei Gemüse ergänzt werden. Servieren Sie sie auch einmal ohne Brötchen, dafür mit Tomatenreis.

Seitanpfanne
im Pitabrötchen

FÜR DIE SEITANPFANNE
300 g Seitan
100 g Zwiebeln
100 g Karotten
100 g Knollensellerie
8 EL Olivenöl
1 Knoblauchzehe
1 TL Senf
½ TL Oregano
½ TL Thymian
½ TL gemahlener Kreuzkümmel
½ TL Rosmarin
½ TL scharfes geräuchertes Paprikapulver
Salz und Pfeffer aus der Mühle

FÜR DIE JOGHURTCREME
200 g Sojajoghurt
100 g veganer Sauerrahm
1 Knoblauchzehe
1 TL Zitronensaft
Salz
Cayennepfeffer

AUSSERDEM
100 g Pflücksalat
4 Pitabrötchen

ZUBEREITUNG DER SEITANPFANNE
Seitan in feine Streifen schneiden. Zwiebeln, Karotten und Sellerie in ca. 2–3 mm breite Streifen schneiden. Knoblauch fein hacken. Seitan, Gemüsestreifen und Knoblauch mischen. Senf mit Oregano, Thymian, Kreuzkümmel, Rosmarin, Paprikapulver und Olivenöl glatt rühren. Marinade mit etwas Salz und Pfeffer würzen und mit dem Seitan mischen. Seitan ca. 1 Stunde marinieren lassen. Danach im Dutch Oven oder in einer gusseisernen Pfanne für den Grill unter gelegentlichem Rühren kräftig anbraten.

ZUBEREITUNG DER CREME
Sojajoghurt und Sauerrahm glatt rühren. Knoblauch fein hacken und mit Zitronensaft und Cayennepfeffer unter den Joghurt rühren. Mit etwas Salz abschmecken.

Brötchen halbieren und auf dem Grillrost kurz auftoasten. Auf den Brötchenböden etwas Pflücksalat verteilen. Seitanpfanne daraufgeben und jeweils mit einem Löffel Joghurtcreme garnieren. Mit den Brötchendeckeln belegen und die Seitanpfanne im Pitabrötchen servieren.

ZUBEREITUNGSZEIT: CA. 20 MIN.
MARINIERZEIT: CA. 60 MIN. GRILLZEIT: CA. 10 MIN.

Tipp: Sollte die Flüssigkeit zu schnell verkochen, einfach etwas Gemüsebrühe oder Wasser nachgießen. Wer es etwas cremiger mag, kann die Sauce mit etwas Stärke binden.

Sojaschnetzel-Kartoffel-Gulasch

800 ml Gemüsebrühe
300 g festkochende Kartoffeln
150 ml Hafer Cuisine
100 g Sojaschnetzel
100 g Zwiebeln
100 g gekochte rote Bohnen
100 g gekochte weiße Bohnen
1 rote Paprika
2 EL Rapsöl
1 EL edelsüßes Paprikapulver
4 Wacholderbeeren
2 Knoblauchzehen
2 Lorbeerblätter
1 TL Tomatenmark
1 TL gemahlener Kümmel
1 TL Thymian
1 TL Majoran
Salz und Pfeffer aus
der Mühle

Hälfte der Gemüsebrühe zum Kochen bringen. Sojaschnetzel dazugeben, einmal aufkochen lassen, vom Herd nehmen und ca. 10 Minuten quellen lassen. Sojaschnetzel anschließend sehr gut ausdrücken. Zwiebeln in ca. 1 cm große Würfel schneiden. Paprika halbieren, Kerngehäuse entfernen und Paprika in ca. 1 cm große Würfel schneiden. Kartoffeln in ca. 5 mm breite Scheiben schneiden. Knoblauch fein hacken. Dutch Oven erhitzen, Rapsöl hineingeben und Zwiebeln sowie Paprika darin anbraten. Lorbeerblätter, Wacholderbeeren, Kümmel und Knoblauch dazugeben und kurz mitbraten. Paprikapulver und Tomatenmark dazugeben, alles einmal umrühren und mit restlicher Gemüsebrühe ablöschen. Kartoffeln hineingeben und ca. 5 Minuten köcheln lassen. Rote und weiße Bohnen hinzufügen und weitere 5 Minuten köcheln lassen. Sojaschnetzel und Hafer Cuisine dazugeben und das Gulasch mit Thymian, Majoran, Salz und Pfeffer würzen.

ZUBEREITUNGSZEIT: CA. 25 MIN. **GRILLZEIT:** CA. 15 MIN.

Dieses Rezept eignet sich ebenfalls für die Zubereitung auf dem Grill oder im Gaskocher.

Tipp:
Sie können den Teig mit getrockneten Tomaten und Oregano, gedünsteten Zwiebelstücken, Knoblauch oder auch mit Stückchen veganer Bratwürste variieren.

Wie lange sollte man Hefeteig gehen lassen?

Ein schöner Hefeteig braucht drei Dinge: Zutaten mit Zimmertemperatur, Wärme und Ruhe. Hefeteig kann beim Aufgehen, sein Volumen locker verdoppeln. Bei Zimmertemperatur dauert das in der Regel 30–40 Minuten.

Stockbrot

1 kg helles Weizenmehl
500 ml lauwarmes Wasser
80 ml Olivenöl
60 g frische Hefe
1 EL Salz
1 EL Gerstenmalz
(ersatzweise Apfelsüße)
1 TL gemahlener Kümmel
1 TL gemahlene Koriandersamen

AUSSERDEM
6–8 Haselnusszweige oder Zweige eines anderen ungiftigen Baumes (ca. 1 m lang und 2–3 cm dick)

Zweige ungefähr bis zur Hälfte von Rinde befreien. Hefe und Gerstenmalz in lauwarmem Wasser auflösen. Mehl mit Salz, Kümmel und Koriander vermischen. Dann mit der Hefe-Wasser-Mischung und dem Olivenöl in der Küchenmaschine zu einem glatten Teig verarbeiten. Den Teig auf der bemehlten Arbeitsfläche zu einer glatten Kugel formen und in eine mit Mehl ausgestaubte Schüssel legen. Alles mit einem Geschirrtuch abdecken und den Teig an einem warmen Ort ca. 40 Minuten gehen lassen. Dann den Teig noch einmal durchkneten, wieder zu einer Kugel formen und weitere 30 Minuten gehen lassen. In der Zwischenzeit ein Lagerfeuer entzünden, damit sich bis zum Backen ausreichend Glut gebildet hat. Nach dem Ruhen den Teig in 6–8 gleich große Stücke teilen und diese um das geschälte Ende der Zweige wickeln. Die Stockbrotteiglinge unter regelmäßigem Drehen über der Glut backen. Dabei darauf achten, dass das Brot gleichmäßig braun wird. Das Stockbrot ist fertig gebacken, wenn es beim Daraufklopfen hohl klingt.

ZUBEREITUNGSZEIT: CA. 15 MIN. TEIGRUHE: CA. 70 MIN. BACKZEIT: CA. 10–15 MIN. (hängt stark von der Hitze der Glut und vom Abstand zum Feuer ab)

Wenn Sie Brot backen, können Sie den Teig auch länger ruhen lassen oder den Teig noch einmal durchkneten und ein zweites Mal gehen lassen.

Lagerfeuer / draußen kochen – einfach vegan

Grill

Antipasti-Sandwich

FÜR DIE SANDWICHES
8 Scheiben italienisches Weißbrot
1 Bund Rucola
1 Aubergine
1 Zucchino
6 EL Olivenöl
4 Kräuterseitlinge
Salz und Pfeffer aus der Mühle

FÜR DAS AJVAR
500 g rote Paprika
1 Aubergine
1 Zwiebel
3 EL Olivenöl
1 Knoblauchzehe
1 Chilischote
2 TL Zitronensaft
1 TL Zucker
Salz und Pfeffer aus der Mühle

ZUBEREITUNG DES AJVAR
Zwiebel, Knoblauch und Chili fein hacken. Paprika halbieren, Kerngehäuse entfernen und Paprika noch einmal halbieren. Paprikaviertel mit der Haut nach oben auf ein mit Backpapier belegtes Blech legen und im vorgeheizten Ofen bei 250 °C so lange backen, bis die Haut Blasen wirft. Die Haut darf dabei ruhig stellenweise schwarz werden. Paprika aus dem Ofen nehmen, mit einem feuchten Geschirrtuch abdecken und auskühlen lassen. Danach die Haut von den Paprika entfernen. Aubergine rundherum einstechen und im Ofen bei 220 °C backen, bis sie sehr weich ist. Aubergine aus dem Ofen nehmen, halbieren und das Fruchtfleisch mit einem Löffel herausschaben. Olivenöl in einer Pfanne erhitzen und Zwiebeln, Knoblauch sowie Chili darin anbraten. Diese danach mit Paprika, Aubergine, Zucker und Zitronensaft in eine Schüssel geben und mit einem Stabmixer grob pürieren. Mit Salz und Pfeffer abschmecken.

ZUBEREITUNG DER SANDWICHES
Gemüse und Pilze in 5 mm dicke Scheiben schneiden. Gemüsescheiben und Pilze auf beiden Seiten dünn mit Olivenöl bestreichen, leicht salzen und pfeffern. Danach auf beiden Seiten ca. 3 Minuten bei starker direkter Hitze grillen. Weißbrotscheiben auf dem Rost auf beiden Seiten kurz antoasten. Je 4 Brotscheiben dünn mit Ajvar bestreichen, Rucola darauf verteilen und mit gegrillten Gemüsescheiben und Pilzen belegen. Sandwiches mit je 1 Scheibe Weißbrot bedecken.

ZUBEREITUNGSZEIT: CA. 30 MIN. GRILLZEIT: CA. 10 MIN.

Anrichten: Die Salatherzen auf Tellern anrichten und mit etwas Dressing überziehen. Die Balsamicoschalotten dazugeben und die heißen Kartoffelbratlinge darauf anrichten.

Arabische Kartoffelbratlinge

an Balsamicoschalotten und Salatherzen

FÜR DIE BRATLINGE
500 g mehligkochende Kartoffeln
1 Karotte
2 EL Olivenöl
2 EL gehackte Petersilie
½ rote Paprika
1 Zwiebel
1 Knoblauchzehe
½ TL Ras el-Hanout
½ TL gemahlener Kreuzkümmel
Salz und Pfeffer aus
der Mühle

ZUBEREITUNG DER BRATLINGE

Kartoffeln waschen und ungeschält in gesalzenem Wasser weich kochen. Abgießen, kurz ausdampfen lassen und noch heiß passieren. Karotte fein würfeln. Paprika ebenfalls in feine Würfel schneiden. Zwiebel und Knoblauch fein hacken. Olivenöl in einer Pfanne erhitzen. Zwiebeln, Knoblauch, Karotten und Paprika glasig anbraten. Ras el-Hanout und Kreuzkümmel dazugeben und kurz mitbraten. Alles zu den passierten Kartoffeln geben, mit Salz und Pfeffer abschmecken und kräftig durchkneten. Aus der Masse Bratlinge formen und diese für mindestens 30 Minuten im Kühlschrank kalt stellen. Danach die Kartoffelbratlinge auf beiden Seiten dünn mit Rapsöl bestreichen und auf dem Rost oder in einer Grilltasse bei mittlerer Hitze ca. 6–7 Minuten von beiden Seiten grillen.

→ ZUBEREITUNG DER BALSAMICOSCHA-LOTTEN UND DER SALATHERZEN

Grill / draußen kochen – einfach vegan

ZUBEREITUNG DER BALSAMICOSCHA-LOTTEN UND DER SALATHERZEN

an Balsamicoschalotten

FÜR DIE SCHALOTTEN
250 g Schalotten
200 ml Gemüsebrühe
70 ml Balsamicoessig
25 g vegane Margarine
1 EL brauner Zucker
1 Rosmarinzweig
1 Thymianzweig
Salz und Pfeffer aus der Mühle

ZUBEREITUNG DER SCHALOTTEN

Schalotten schälen und eventuell halbieren. Zucker in einem kleinen Topf bei geringer Hitze hell karamellisieren lassen. Margarine dazugeben und Schalotten darin anbraten. Gemüsebrühe und Balsamicoessig angießen, Thymian- und Rosmarinzweig dazugeben und mit Salz und Pfeffer würzen. Die Schalotten ca. 30 Minuten auf kleiner Flamme köcheln lassen. Danach in eine Schüssel umfüllen und auskühlen lassen.

Arabische Kartoffelbratlinge
an Balsamicoschalotten und Salatherzen

Arabische Kartoffelbratlinge
an Balsamicoschalotten und Salatherzen

FÜR DIE SALATHERZEN
4 – 6 Salatherzen (je nach Größe)
300 g vegane Mayonnaise
(Rezept siehe S. 219)
1 rote Zwiebel
3 EL Apfelessig
1 kleines Bund Schnittlauch
½ Bund Petersilie
½ Bund Dill
1 Knoblauchzehe
1 Prise brauner Zucker
Salz und weißer Pfeffer
aus der Mühle

AUSSERDEM
4 EL Rapsöl zum Bestreichen

ZUBEREITUNG DER SALATHERZEN
Salatherzen halbieren, gründlich waschen und sehr gut abtropfen lassen. Für das Dressing Kräuter fein hacken, Knoblauch hacken und Zwiebel in feine Streifen schneiden. Mayonnaise mit Kräutern, Zwiebeln, Knoblauch und Apfelessig verrühren und mit Salz, Pfeffer und Zucker abschmecken. Sollte das Dressing zu dick sein, einfach etwas Wasser hinzufügen.

ZUBEREITUNGSZEIT: CA. 50 MIN.
MARINIERZEIT: CA. 30 MIN. **GRILLZEIT:** CA. 15 MIN.

Artischocken
mit Wasabimayonnaise

FÜR DIE ARTISCHOCKEN
4 Artischocken
4 EL Olivenöl
3 EL Zitronensaft
Salz

FÜR DIE MAYONNAISE
150 ml Rapsöl
80 g Sojajoghurt
1 TL Zitronensaft
1 TL Wasabipaste
1 Prise Salz

AUSSERDEM
4 Zitronenhälften
4 Stück Alufolie
(ca. 30 x 30 cm)

Für die Mayonnaise Sojajoghurt mit Wasabipaste, Salz und Zitronensaft glatt rühren. Rapsöl mit einem Stabmixer untermixen. Äußere Blätter der Artischocken entfernen. Artischocken halbieren und das Heu entfernen. Spitzen der Artischockenblätter etwas einkürzen. Die Stiele mit einem Sparschäler großzügig schälen. Artischocken mit Zitronensaft und Olivenöl beträufeln, leicht salzen und in Alufolie einschlagen. Die Päckchen an den Glutrand legen und ca. 25–30 Minuten garen lassen. Danach die Artischocken aus der Folie nehmen und mit der Schnittfläche nach unten auf dem Rost grillen, bis ein schönes Grillmuster entstanden ist.

Die Artischocken mit der Wasabimayonnaise und je einer halben Zitrone servieren.

ZUBEREITUNGSZEIT: CA. 20 MIN. GRILLZEIT: CA. 30 MIN.

Auberginenburger

FÜR DIE BRATLINGE
500 g Aubergine
200 ml Gemüsebrühe
150 g getrocknete rote Linsen
100 g Couscous
40 g Vollkornmehl
½ Bund Petersilie
2 EL Olivenöl
1 Knoblauchzehe
½ Chilischote
½ TL gemahlener Kreuzkümmel
½ TL scharfes geräuchertes Paprikapulver
Salz und Pfeffer aus der Mühle

FÜR DIE BURGERSAUCE
5 EL vegane Mayonnaise (siehe S. 219)
1 Essiggurke
1 Schalotte
1 TL Essiggurkenwasser
1 TL Zucker
Salz
Cayennepfeffer

AUSSERDEM
4 Burgerbrötchen
¼ Eisbergsalat
2 EL Rapsöl
1 rote Spitzpaprika
1 rote Zwiebel

ZUBEREITUNG DER BRATLINGE
Aubergine mit einer Gabel rundherum einstechen und im Ofen bei 200 °C ca. 40 Minuten backen. Gemüsebrühe aufkochen und Couscous einrühren. Diesen vom Herd nehmen, Olivenöl dazugeben und Couscous mit der Gabel auflockern. Linsen in leicht gesalzenem Wasser weich kochen. Knoblauch fein hacken. Petersilie grob hacken. Kerne der Chilischote entfernen und Chili klein schneiden. Aubergine halbieren und das Fruchtfleisch herausschaben. Linsen, Aubergine, Kreuzkümmel, Petersilie, Knoblauch, Paprikapulver und Chili mit einem Stabmixer fein pürieren. Couscous in eine Schüssel geben und die Gemüsemasse unterheben. Je nach Feuchtigkeit der Masse Vollkornmehl hinzufügen. Mit Salz und Pfeffer abschmecken. Die Masse ca. 10 Minuten ziehen lassen. Mit nassen Händen Bratlinge formen und diese auf einer leicht eingeölten Grillrostplatte auf beiden Seiten ca. 4 Minuten grillen.

ZUBEREITUNG DER SAUCE
Für die Burgersauce Essiggurke und Schalotte sehr fein hacken. Beides unter die Mayonnaise rühren. Mit Gurkenwasser, Zucker, Salz und Cayennepfeffer abschmecken.

Eisbergsalat in feine Streifen schneiden. Paprika in Scheiben und Zwiebel in feine Ringe schneiden. Burgerbrötchen halbieren und mit der Schnittfläche auf dem Grill kurz toasten. Auf die unteren Hälften den Salat geben. Bratlinge darauflegen, diese mit Paprika und Zwiebeln belegen und mit je 1 EL Sauce begießen. Die oberen Brötchenhälften als Deckel darauflegen.

ZUBEREITUNGSZEIT: CA. 60 MIN. GRILLZEIT: CA. 10 MIN.

Tipp: Bestreichen Sie die Auberginenröllchen einmal nach dem Grillen mit einer Kräutermischung aus gehacktem Basilikum, fein gehacktem Knoblauch und etwas Olivenöl.

Auberginenröllchen
mit veganem Käse auf Radicchiosalat

FÜR DIE RÖLLCHEN
500 g Auberginen
200 g veganer Mozzarella
10 Kirschtomaten
1 Bund Rosmarinzweige
5 EL Olivenöl
2 EL Apfelsüße
Salz und Pfeffer aus
der Mühle

FÜR DEN SALAT
500 g Radicchio
6 EL Traubenkernöl
4 EL Tomatenessig
2 EL Apfelsüße
2 EL Wasser
1 TL Estragonsenf
Salz und weißer Pfeffer
aus der Mühle

AUSSERDEM
4 Bambusspieße
(ca. 20 cm Länge)

ZUBEREITUNG DER RÖLLCHEN
Veganen Käse in ca. 1 cm breite und 5 cm lange Stücke schneiden. Olivenöl mit Apfelsüße, Salz und Pfeffer glatt rühren. Den Käse in die Marinade legen und mindestens 1 Stunde ziehen lassen. Auberginen der Länge nach in ca. 3–4 mm dünne Scheiben schneiden. Kirschtomaten ebenfalls in Scheiben schneiden. Rosmarin abzupfen und fein hacken. Auberginenscheiben auf der Arbeitsfläche auslegen, leicht salzen und pfeffern. Den Käse gut abtropfen lassen und auf die Auberginenscheiben legen. Danach einige Tomatenscheiben darauf platzieren und mit Rosmarin bestreuen. Auberginenscheiben einrollen und je 4 Röllchen auf einen Bambusspieß stecken. Die Spieße bei mittlerer direkter Hitze auf jeder Seite ca. 4–5 Minuten grillen.

ZUBEREITUNG DES SALATS
Radicchio in Streifen schneiden, gründlich waschen und trocken schleudern. Tomatenessig mit Wasser, Apfelsüße, Senf, Salz und Pfeffer verrühren. Das Öl mit einem kleinen Schneebesen kräftig unterschlagen. Radicchio mit dem Dressing vermengen und abschmecken.

Radicchiosalat auf Tellern anrichten und die gegrillten Auberginenspieße darauf platzieren.

ZUBEREITUNGSZEIT: CA. 20 MIN.
MARINIERZEIT: CA. 60 MIN. GRILLZEIT: CA. 10 MIN.

Auberginensalat
mit marinierter Petersilie

500 g Auberginen
2 Tomaten
2 Schalotten
1 rote Paprika
1 Knoblauchzehe
1 Bund Petersilie
Saft ½ Zitrone
7 EL Olivenöl
3 EL weißer Balsamicoessig
½ TL gemahlener Kreuzkümmel
1 Prise brauner Zucker
Salz und Pfeffer aus
der Mühle

AUSSERDEM
4 Brötchen

Auberginen der Länge nach in ca. 1 cm dünne Scheiben schneiden. Diese auf dem Grillrost von beiden Seiten ca. 4 Minuten grillen. Danach vom Grill nehmen und in kleine Würfel schneiden. Knoblauch fein hacken. Paprika halbieren, Kerngehäuse entfernen und Paprika in kleine Würfel schneiden. Tomaten halbieren, Strunk herausschneiden, das Kerngehäuse mit einem Teelöffel entfernen und Tomaten in kleine Würfel schneiden. Schalotten in feine Würfel schneiden. In einer Schüssel Auberginen, Paprika, Tomaten und Schalotten mit 5 EL Olivenöl, Balsamicoessig, Knoblauch, Kreuzkümmel, Salz und Pfeffer vermengen. Den Auberginensalat etwas ziehen lassen. Petersilienblätter abzupfen und mit Zitronensaft und 2 EL Olivenöl marinieren. Mit Salz, Pfeffer und Zucker abschmecken. Brötchen halbieren und von beiden Seiten auf dem Grillrost etwas antoasten.

Den Auberginensalat auf den getoasteten Brötchen anrichten und mit der marinierten Petersilie garnieren.

ZUBEREITUNGSZEIT: CA. 30 MIN.
MARINIERZEIT: CA. 20 MIN. GRILLZEIT: CA. 15 MIN.

Tipp: Dieser einfache Grillkäse schmeckt auch hervorragend mit frischem Schnittlauch oder Rosmarin.

Bärlauchgrillkäse
mit Gurken-Tomaten-Salat

FÜR DEN KÄSE
2 l Sojadrink
Saft von 2 Zitronen
2 Bunde Bärlauch
1 TL Salz
½ TL Garam masala

FÜR DEN SALAT
200 g Gurke
100 g Kirschtomaten
3 Schalotten
½ Bund Basilikum
5 EL Olivenöl
4 EL Balsamicoessig
1 Knoblauchzehe
Salz und Pfeffer aus der Mühle

AUSSERDEM
3 EL Olivenöl
1 in Spalten geschnittene Zitrone
4 Bahnen Frischhaltefolie (ca. 25 cm Länge)

ZUBEREITUNGSZEIT: CA. 30 MIN.
RUHEZEIT: CA. 12 STUNDEN
GRILLZEIT: CA. 10 MIN.

ZUBEREITUNG DES KÄSES

Sojadrink in einem großen Topf mit Salz und Garam masala zum Kochen bringen. Zitronensaft in den leicht kochenden Sojadrink einrühren, dann beginnt der Sojadrink auszuflocken. Unter ständigem Rühren ca. 3–4 Minuten köcheln lassen. Anschließend alles durch ein mit einem Geschirrtuch ausgelegtes Sieb gießen und den Käse gut abtropfen lassen. Das Tuch über der Käsemischung zusammenschlagen und den Käse gut ausdrücken. Bärlauch klein hacken und unter den Käsebruch mischen.

Frischhaltefolie auf der Arbeitsfläche auslegen und den Käsebruch gleichmäßig darauf verteilen. Mithilfe der Folie kompakte Käseblöcke formen. Diese, eingeschlagen in der Folie, in eine Auflaufform legen und mit einem Schneidebrett oder einer Platte beschweren. Darauf eine Schüssel mit Wasser stellen und den Käse über Nacht im Kühlschrank stehen lassen. Den Käse aus der Folie nehmen, auf 2 Seiten dünn mit Olivenöl bestreichen und auf der Grillplatte auf beiden Seiten ca. 3–4 Minuten bei mittlerer Hitze grillen.

ZUBEREITUNG DES SALATS

Gurke in ca. 5 mm große Würfel schneiden. Kirschtomaten in Scheiben schneiden. Schalotten in dünne Ringe schneiden. Knoblauch fein hacken. Basilikum klein schneiden. Gurke, Tomaten, Schalotten und Knoblauch mit Balsamicoessig, Olivenöl, Salz und Pfeffer marinieren und das Basilikum unterrühren.

Den gegrillten Bärlauchkäse mit Zitronenspalten und dem Gurken-Tomaten-Salat anrichten und servieren.

Brokkoli
mit Reisbratlingen

FÜR DEN BROKKOLI
600 g Brokkoliröschen
100 ml Gemüsebrühe
80 g rote Zwiebel
1 rote Paprika
4 EL helle Sojasauce
2 EL Sesamöl
2 Knoblauchzehen
½ Chilischote

FÜR DIE BRATLINGE
400 ml Gemüsebrühe
200 g Rundkornreis
½ TL frisch geriebener Ingwer

AUSSERDEM
Rapsöl zum Bestreichen

ZUBEREITUNG DES BROKKOLIS
Brokkoli in leicht gesalzenem Wasser bissfest vorgaren, abgießen und mit kaltem Wasser abschrecken. Paprika halbieren, Kerngehäuse entfernen und Paprika in dünne Streifen schneiden. Kerne der Chilischote entfernen und Chili fein hacken. Zwiebel und Knoblauch in dünne Streifen schneiden. Etwas Sesamöl in die Grillpfanne geben und Paprika darin anbraten. Zwiebeln, Knoblauch, Chili und Brokkoli dazugeben und kurz mitbraten. Mit Gemüsebrühe und Sojasauce ablöschen und die Flüssigkeit verdampfen lassen.

ZUBEREITUNG DER BRATLINGE
Gemüsebrühe zum Kochen bringen. Reis einrühren und auf kleiner Flamme unter ständigem Rühren köcheln lassen. Ingwer unterrühren und den Reis auskühlen lassen. Mit nassen Händen Bratlinge formen und diese auf 2 Seiten mit etwas Rapsöl bestreichen. Auf einer gusseisernen Grillpfanne von beiden Seiten bei mittlerer Hitze ca. 4 Minuten anbraten, dann am Grillrand warm halten.

Den gebratenen Brokkoli mit den Reisbratlingen auf Tellern anrichten.

ZUBEREITUNGSZEIT: CA. 50 MIN. GRILLZEIT: CA. 20 MIN.

Tipp: Anstelle von Preiselbeermarmelade passt auch ein erfrischendes Zaziki hervorragend.

Cevapcici
mit geschmortem Gemüse und Preiselbeermarmelade

FÜR DIE CEVAPCICI
300 g gekochte schwarze Bohnen
150 g Sojagranulat
60 g Zwiebel
5 EL gehackte Petersilie
4 EL Soja Cuisine
2 EL helles Weizenmehl
3 Knoblauchzehen
1 TL Paprikapulver
1 TL Tomatenmark
1 TL Estragonsenf
1 TL Salz
1 TL gehackter Oregano
½ TL gemahlener Kümmel
½ TL gehacktes Bohnenkraut
½ TL gehackter Rosmarin
Pfeffer aus der Mühle

FÜR DIE MARINIERTEN ZWIEBELN
2 rote Zwiebeln
2 EL weißer Balsamicoessig
1 Prise Zucker
Salz und Pfeffer aus der Mühle

FÜR DAS GEMÜSE
3 Kartoffeln
8 Kirschtomaten
1 Zucchino
4 EL Olivenöl
4 Knoblauchzehen
Saft ½ Zitrone
4 Rosmarinzweige
Salz und Pfeffer aus der Mühle

AUSSERDEM
3 EL Olivenöl zum Bestreichen
4 EL Preiselbeermarmelade
4 Stück Alufolie (ca. 30 x 30 cm)

ZUBEREITUNG DER CEVAPCICI
Zwiebel und Knoblauch fein hacken. Eine Pfanne erhitzen und Zwiebeln goldbraun anrösten. Knoblauch dazugeben und kurz mitrösten. Sojagranulat, Bohnen, Soja Cuisine, Zwiebeln, Paprikapulver, Tomatenmark und Senf in eine Schüssel geben und mit dem Stabmixer pürieren. Mehl, restliche Gewürze und Kräuter unter die Masse kneten und daraus mit angefeuchteten Händen ca. 10 cm lange und 3 cm dicke Röllchen formen. Die Cevapcici auf einen mit Frischhaltefolie ausgelegten Teller legen und im Kühlschrank ca. 2 Stunden ziehen lassen. Vor dem Grillen die Cevapcici dünn mit Olivenöl bestreichen und bei direkter mittlerer Hitze auf dem Rost auf 2 Seiten ca. 8 Minuten grillen.

ZUBEREITUNG DER ZWIEBELN
Zwiebeln mit einer Aufschnittmaschine in 2 mm dünne Scheiben schneiden. Diese mit Balsamicoessig, Salz, Pfeffer und Zucker vermischen und durchziehen lassen.

ZUBEREITUNG DES GESCHMORTEN GEMÜSES
Kartoffeln, Kirschtomaten und Zucchino in ca. 5 mm dünne Scheiben schneiden. Alufolie auf der Arbeitsfläche bereitlegen und die Gemüsescheiben abwechselnd aneinanderlegen. Dann alles mit Olivenöl und Zitronensaft beträufeln und mit Salz, Pfeffer und je einem Rosmarinzweig sowie einer angedrückten Knoblauchzehe würzen. Die Alufolie verschließen und die Gemüsepäckchen bei direkter Hitze ca. 15 Minuten grillen.

Die Cevapcici mit dem Gemüse auf Tellern anrichten. Preiselbeermarmelade und marinierte Zwiebeln dazu servieren.

ZUBEREITUNGSZEIT: CA. 35 MIN.
RUHEZEIT: CA. 2 STUNDEN **GRILLZEIT:** CA. 16 MIN.

Chicorée
mit Kartoffelscheiben und Zitronendip

FÜR DIE CHICORÉE
8 Chicorée
4 große Karotten
6 EL Olivenöl
2 EL gehackter Rosmarin
Saft ½ Zitrone
1 fein gehackte Knoblauchzehe
Salz und Pfeffer aus der Mühle

FÜR DIE KARTOFFELSCHEIBEN
600 g Kartoffeln
6 EL Olivenöl
2 EL gehackter Thymian
1 TL Senf
Salz und Pfeffer aus der Mühle

FÜR DEN DIP
150 g vegane Mayonnaise
(siehe S. 219)
50 g veganer Sauerrahm
1 Zitrone
Salz
Cayennepfeffer

ZUBEREITUNG DER CHICORÉE
Karotten schälen und der Länge nach mit einer Aufschnittmaschine in 2 mm dünne Scheiben schneiden. Diese in kochendem Salzwasser ca. 30 Sekunden blanchieren, dann aus dem Wasser nehmen. Zitronensaft, Olivenöl, Rosmarin und Knoblauch verrühren. Chicorée halbieren und mit Karottenscheiben umwickeln. Chicorée bei mittlerer direkter Hitze auf beiden Seiten ca. 5 Minuten grillen. Dann vom Grill nehmen und mit der Rosmarin-Öl-Mischung bestreichen. Leicht salzen und mit etwas frischem Pfeffer abschmecken.

ZUBEREITUNG DER KARTOFFELSCHEIBEN
Kartoffeln gründlich waschen, in ca. 1 cm dicke Scheiben schneiden und diese in leicht gesalzenem Wasser bissfest vorgaren. Dann aus dem Wasser heben und trocken tupfen. Olivenöl, Senf, Thymian und Pfeffer glatt rühren und die Kartoffeln damit vermischen. Kartoffelscheiben bei mittlerer Hitze auf beiden Seiten ca. 5 Minuten grillen und danach leicht salzen.

ZUBEREITUNG DES DIPS
Schale einer halben Zitrone abreiben. Zitrone halbieren und auspressen. Zitronenschale und -saft mit Mayonnaise und Sauerrahm glatt rühren. Mit Salz und Cayennepfeffer abschmecken.

Gegrillte Kartoffelscheiben mit Chicorée auf Tellern anrichten, etwas Zitronendip dazugeben und servieren.

ZUBEREITUNGSZEIT: CA. 40 MIN. GRILLZEIT: CA. 15 MIN.

Dinkel-Kohlrouladen
mit Haselnussbutter

FÜR DIE ROULADEN
550 ml Wasser
200 g Dinkelreis
8 große Weißkohlbätter
100 g in feine Streifen geschnittener Weißkohl
100 g veganer Frischkäse (siehe S. 225)
60 g fein gehackte Zwiebeln
1 fein gewürfelte Karotte
6 fein gewürfelte getrocknete Tomaten
2 EL Olivenöl
½ TL gemahlene Koriandersamen
Salz und Pfeffer aus der Mühle

FÜR DIE BUTTER
150 g vegane Margarine
150 g gehackte Haselnüsse
1 EL Zitronensaft
1 EL gehackte Petersilie
1 EL gehackter Dill
Salz und Pfeffer aus der Mühle

AUSSERDEM
4 EL Rapsöl zum Bestreichen
Bindfaden

ZUBEREITUNG DER ROULADEN
Dinkelreis in ein Sieb geben und abspülen. In 400 ml leicht gesalzenem Wasser bei kleiner Flamme und unter gelegentlichem Umrühren ca. 15 Minuten köcheln lassen. Anschließend ca. 10 Minuten quellen lassen. Dinkel eventuell durch ein Sieb abgießen und gut abtropfen lassen. Strunk der Weißkohlblätter entfernen und den Kohl in reichlich kochendem Salzwasser kurz überbrühen. Danach in kaltem Wasser abschrecken und mit Küchenkrepp trocken tupfen. Für die Füllung Olivenöl in einer Pfanne erhitzen. Zwiebeln, geschnittenen Weißkohl, Tomaten und Karotten darin andünsten. Mit 150 ml Wasser ablöschen und das Wasser verkochen lassen. Gemüsemischung und Frischkäse unter den Dinkelreis rühren und mit Koriander, Salz und Pfeffer abschmecken. Weißkohlblätter auf der Arbeitsfläche auslegen. Füllung im vorderen Drittel verteilen. Seitenränder der Blätter über die Füllung schlagen, die Roulade fest einrollen und mit Bindfäden fixieren. Kohlrouladen mit Rapsöl bestreichen und am besten auf 2 Seiten auf einer gusseisernen Platte oder in einer Alugrilltasse auf dem Grill ca. 10 Minuten bei mittlerer Hitze grillen.

ZUBEREITUNG DER BUTTER
Am Grillrand eine kleine gusseiserne Pfanne erhitzen und die Haselnüsse darin goldbraun anrösten. Margarine dazugeben und aufschäumen lassen. Mit Zitronensaft, Salz und Pfeffer würzen. Die Kräuter erst kurz vor dem Servieren unterrühren.

Die Dinkel-Kohlrouladen auf Teller legen und mit der Haselnussbutter begießen.

ZUBEREITUNGSZEIT: CA. 60 MIN. **GRILLZEIT:** CA. 20 MIN.

Erdbeeren vom Grill
mit Apfel-Lavendel-Sorbet

FÜR DIE ERDBEEREN
600 g Erdbeeren
2 EL Puderzucker
1 EL Balsamicoessig

FÜR DAS SORBET
800 g säuerliche Äpfel
250 ml kohlensäure-
haltiges Mineralwasser
50 ml Wasser
4 EL Apfelsüße
3 EL Zucker
2 EL Limettensaft
2 Lavendelzweige

AUSSERDEM
Alufolie (ca. 30 x 15 cm)
Lavendelblüten zum
Garnieren

ZUBEREITUNG DES SORBETS
Äpfel schälen, vierteln und Kerngehäuse herausschneiden. Apfelstücke, Zucker, Apfelsüße, Limettensaft, Lavendelzweige und Wasser ca. 10 Minuten auf kleiner Flamme köcheln lassen. Lavendel herausnehmen. Äpfel mit einem Stabmixer fein pürieren und abkühlen lassen. Mineralwasser unterrühren, Sorbetmasse in den Gefrierschrank stellen und unter gelegentlichem Rühren ca. 3–5 Stunden durchfrieren lassen.

ZUBEREITUNG DER ERDBEEREN
Blätter und Stiele der Erdbeeren entfernen. Erdbeeren je nach Größe halbieren oder vierteln. Anschließend mit Puderzucker und Balsamicoessig vermengen. Erdbeeren in Alufolie einschlagen und ca. 5 Minuten bei mittlerer Hitze auf den Grill legen.

Erdbeeren aus der Alufolie nehmen und auf Schüsseln aufteilen. Das Apfel-Lavendel-Sorbet darauf verteilen und mit einigen Lavendelblüten garnieren.

ZUBEREITUNGSZEIT: CA. 30 MIN.
GEFRIERZEIT: CA. 3–5 STUNDEN **GRILLZEIT: CA. 5 MIN.**

Fenchelsalat

FÜR DEN FENCHELSALAT
4 Fenchelknollen
4 EL Olivenöl
Salz und Pfeffer aus
der Mühle
brauner Zucker

FÜR DIE MARINADE
3 Zitronen
150 g gehackte und
geröstete Haselnüsse
5 EL Olivenöl
1 TL Fenchelsamen
1 TL Apfelsüße
Salz und weißer Pfeffer
aus der Mühle

Fenchelgrün abschneiden und für die Garnitur beiseitelegen. Fenchel in ca. 1–2 cm dicke Scheiben schneiden, auf ein mit Backpapier belegtes Blech legen und dünn mit Olivenöl bestreichen. Mit Salz, Pfeffer und 1 Prise Zucker bestreuen. Fenchelscheiben wenden und auf der zweiten Seite gleich verfahren. Für die Marinade Fenchelsamen ohne Zugabe von Fett in einer Pfanne kurz anrösten und anschließend in einem Mörser fein zermahlen. Schale einer halben Zitrone abreiben. Alle Zitronen filetieren. Zitronenreste ausdrücken. Zitronensaft und -schale mit Olivenöl, Fenchelsamen, Apfelsüße, gerösteten Haselnüssen, Salz und Pfeffer verrühren. Zitronenfilets vorsichtig unterheben. Fenchelscheiben bei mittlerer direkter Hitze auf beiden Seiten ca. 6 Minuten grillen.

Die gegrillten Fenchelscheiben auf Teller legen und mit Marinade beträufeln. Mit etwas Fenchelgrün garnieren.

ZUBEREITUNGSZEIT: CA. 30 MIN. **GRILLZEIT:** CA. 12 MIN.

Gebackene Birne
mit Schokoladensauce

FÜR DIE BIRNEN
4 Birnen
Saft 1 Zitrone
2 EL brauner Zucker

FÜR DIE FÜLLUNG
120 g helles Weizenmehl
80 g brauner Zucker
60 ml kohlensäurehaltiges Mineralwasser
50 g vegane Zartbitterschokolade
40 g Apfelmus
30 g gemahlene Mandeln
20 g gemahlene Walnüsse
2 EL Rapsöl
1 TL Apfelessig
½ TL Natron
1 Prise Salz

FÜR DIE SCHOKOLADENSAUCE
200 g vegane Zartbitterschokolade
200 ml Wasser
50 ml Hafer Cuisine
30 g Kakaopulver
30 g brauner Zucker
1 TL Zimt
1 Msp. gehackte Chilischote

ZUBEREITUNG DER SAUCE
Schokolade fein reiben. Zucker, Kakaopulver, Zimt, Chili und Wasser in einem Topf unter Rühren aufkochen lassen. Schokolade in die Kakaomasse geben und unter ständigem Rühren auflösen. Hafer Cuisine in die Sauce einrühren und die Sauce vom Herd nehmen.

ZUBEREITUNG DER BIRNEN
Schokolade fein reiben. Obere Enden der Birnen abschneiden und die Birnen mithilfe eines Teelöffels so aushöhlen, dass ein ca. 5 mm dicker Rand stehen bleibt. Birnen sofort mit Zitronensaft beträufeln. Für die Füllung Mehl, Zucker, Nüsse, Mandeln, Schokolade, Natron und Salz vermengen. Mineralwasser, Apfelessig, Apfelmus und Rapsöl unterrühren. Die Füllung in die ausgehöhlten Birnen geben und diese in eine Auflaufform oder in Alugrilltassen stellen. Dann mit Zucker bestreuen und im Kugelgrill bei mittlerer Hitze 15–20 Minuten backen.

Die Schokoladensauce in tiefe Teller füllen und die Birnen darin anrichten.

ZUBEREITUNGSZEIT: CA. 20 MIN. GRILLZEIT: CA. 20 MIN.

Tipp: Wer Minze mag, kann statt Petersilie frische Minze verwenden.

Gebackene Kartoffeln
mit Erbsencreme und Tomatensalat

ZUBEREITUNG DER KARTOFFELN
4 große Kartoffeln
3 EL Olivenöl
4 Lorbeerblätter
1 TL Kümmel
Salz und Pfeffer aus der Mühle

FÜR DIE CREME
250 g frische Erbsen
100 g Seidentofu
2 EL Olivenöl
½ Bund Petersilie
Salz und Pfeffer aus der Mühle

FÜR DEN SALAT
400 g Kirschtomaten
3 Schalotten
6 EL Olivenöl
4 EL Balsamicoessig
2 EL Wasser
¼ TL brauner Zucker
Salz und Pfeffer aus der Mühle

AUSSERDEM
4 Stück Alufolie
(mindestens 30 × 30 cm)

ZUBEREITUNG DER KARTOFFELN
Ungeschälte Kartoffeln gründlich waschen und in eine Schüssel legen. Mit Salz, Pfeffer und Kümmel würzen und mit Olivenöl beträufeln. Alles gut mischen. Alufolie auf der Arbeitsfläche auslegen und Kartoffeln darauf verteilen. Je ein Lorbeerblatt dazulegen und Kartoffeln in die Folie einwickeln. Die Kartoffeln in die Glut des Grills legen und unter gelegentlichem Wenden 15–20 Minuten backen.

ZUBEREITUNG DER CREME
Petersilie klein schneiden. Erbsen in etwas Salzwasser einmal aufkochen lassen und in kaltem Wasser abschrecken. Dann mit Seidentofu, Petersilie und Olivenöl in einen Mixbecher füllen und mit einem Stabmixer fein pürieren. Mit Salz und Pfeffer abschmecken.

ZUBEREITUNG DES SALATS
Kirschtomaten in Scheiben schneiden. Schalotten in dünne Ringe schneiden. Balsamicoessig mit Wasser, Salz, Zucker und Pfeffer glatt rühren. Olivenöl unterrühren. Tomaten und Schalotten vorsichtig in das Dressing geben und den Salat beiseitestellen.

Gebackene Kartoffeln aus der Folie nehmen, kreuzweise einschneiden und leicht aufdrücken. Die Kartoffeln auf Teller legen, mit der Erbsencreme füllen und mit dem Tomatensalat servieren.

ZUBEREITUNGSZEIT: CA. 45 MIN. **GRILLZEIT:** CA. 20 MIN.

Tipp: Gebackene Topinambur sind eine Alternative zu den beliebten Ofenkartoffeln. Statt der Orangen gebe ich manchmal etwas Hafer Cuisine und eine Prise Kurkuma in die Topinamburpäckchen. Auch mit Nüssen kann das Rezept erweitert werden.

Gebackene Topinambur

1 kg Topinambur
2 rote Paprika
1 Orange
1 Zwiebel
4 EL Olivenöl
4 Thymianzweige
1 Prise brauner Zucker
Salz

AUSSERDEM
4 Stück Alufolie
(ca. 30 x 30 cm)

Topinambur schälen und je nach Größe halbieren. Paprika halbieren, Kerngehäuse entfernen und Paprika in ca. 1 cm große Würfel schneiden. Zwiebel ebenfalls in ca. 1 cm große Würfel schneiden. Orangenschale zur Hälfte abreiben. Orange filetieren, aus den Resten den Saft ausdrücken und auffangen. Alufolie auf der Arbeitsfläche auslegen. Topinambur mit Paprika und Zwiebeln in eine Schüssel geben. Olivenöl und Orangenfilets, -saft und -schale dazugeben. Mit Salz und Zucker würzen. Tobinambur gleichmäßig auf die Alufolie aufteilen. Je einen Thymianzweig daraufgeben und die Topinamburpäckchen gut verschließen. Diese im Kugelgrill bei mittlerer Hitze ca. 40 Minuten backen.

ZUBEREITUNGSZEIT: CA. 15 MIN. GRILLZEIT: CA. 40 MIN.

Gebratene Nudeln
mit Gemüse

200 g chinesische Nudeln ohne Ei
150 ml Gemüsebrühe
150 g Zucchini
100 g kleine grüne Spargelstangen
100 g Karotten
100 g gelbe Karotten
100 g Zuckerschoten
1 rote Paprika
1 rote Zwiebel
50 g feine grüne Bohnen
25 g getrocknete Mu-Err-Pilze
20 g junger Blattspinat
6 EL Sesamöl
(ersatzweise Rapsöl)
4 EL helle Sojasauce
1 TL frisch geriebener Ingwer
2 Knoblauchzehen
Salz und Pfeffer aus
der Mühle

Pilze mit kochendem Wasser überbrühen, ca. 15 Minuten einweichen lassen und anschließend abgießen. Nudeln in reichlich Salzwasser nicht zu weich kochen, abgießen, mit der Hälfte des Sesamöls vermischen. Grüne Bohnen in Salzwasser bissfest garen, abgießen und mit kaltem Wasser abschrecken. Zucchini halbieren und in ca. 3 mm dünne Scheiben schneiden. Karotten in feine Streifen schneiden. Zuckerschoten putzen, Spargelenden abschneiden, Spinat putzen und gründlich waschen. Paprika halbieren, Kerngehäuse entfernen und Paprika in kleine Rauten schneiden. Zwiebel in dünne Streifen schneiden. Knoblauch fein hacken. Eine gusseiserne Pfanne oder einen Wok bei starker Hitze auf dem Grill platzieren. Restliches Sesamöl in die Pfanne geben. Karotten, Spargel, Zuckerschoten, Paprika und Zucchini in die Pfanne geben und kurz anschwitzen. Zwiebeln, grüne Bohnen, Mu-Err-Pilze, Spinat, Ingwer und Knoblauch dazugeben und kurz weiterbraten. Mit Sojasauce und Gemüsebrühe ablöschen. Nudeln dazugeben, alles gut durchrühren und die Flüssigkeit einreduzieren lassen. Mit Salz und Pfeffer abschmecken.

ZUBEREITUNGSZEIT: CA. 30 MIN.
EINWEICHZEIT: CA. 15 MIN. **GRILLZEIT:** CA. 10 MIN.

Gefüllte Champignons
mit Bohnencreme auf Ciabatta

FÜR DIE CHAMPIGNONS
600 ml Gemüsebrühe
4 große Champignons
200 g Hirse
150 ml Soja Cuisine
100 g Karotten
100 g rote Paprika
100 g Frühlingszwiebel
2 EL Olivenöl
Saft ½ Zitrone
1 Knoblauchzehe
½ TL Kurkuma
½ TL Oregano
Salz und Pfeffer aus der Mühle

FÜR DIE BOHNENCREME
100 g gekochte rote Bohnen
4 EL Soja Cuisine
½ TL Zitronensaft
½ Knoblauchzehe
Cayennepfeffer
Salz

FÜR DIE CIABATTASCHEIBEN
4 Ciabattascheiben
4 EL Olivenöl
2 Knoblauchzehen
1 EL gehackte Petersilie

AUSSERDEM
4 Radicchioblätter
½ Bund Koriander

ZUBEREITUNG DER CHAMPIGNONS
Stiele der Champignons herausnehmen. Diese fein würfeln und beiseitestellen. Paprika fein würfeln. Knoblauch und Frühlingszwiebeln fein hacken. Gemüsebrühe in einem Topf zum Kochen bringen. Karotten fein würfeln und mit der Hirse in die Gemüsebrühe rühren und aufkochen lassen. Hirse auf kleiner Flamme ca. 5 Minuten köcheln lassen, dann vom Herd nehmen und weitere 10 Minuten quellen lassen. In einer Pfanne Paprika, klein gehackte Champignonstiele, Knoblauch und Frühlingszwiebeln in Olivenöl anschwitzen. Gemüse, Soja Cuisine, Kurkuma, Oregano, Zitronensaft, Salz und Pfeffer unter die Hirse rühren. Champignons damit befüllen und in leicht ausgefettete Alugrilltassen oder eine Auflaufform stellen. Im Kugelgrill bei mittlerer Hitze ca. 15 Minuten backen.

ZUBEREITUNG DER BOHNENCREME
Bohnen mit Zitronensaft, Soja Cuisine, Knoblauch, Cayennepfeffer und etwas Salz mit einem Stabmixer fein pürieren.

ZUBEREITUNG DER CIABATTASCHEIBEN
Knoblauch fein hacken und mit Olivenöl und Petersilie vermischen. Brotscheiben damit auf beiden Seiten dünn bestreichen und auf dem Grillrost toasten

Ciabattascheiben auf Teller legen. Je ein Radicchioblatt darauf platzieren und mit etwas Bohnencreme bestreichen. Champignons aus dem Grill nehmen und auf dem Ciabatta anrichten. Alles mit etwas Koriander garnieren.

ZUBEREITUNGSZEIT: CA. 40 MIN. **GRILLZEIT:** CA. 15 MIN.

Anrichten:
Die Polentascheiben auf Teller legen und mit etwas Rucola belegen. Rote Beten vorsichtig aus der Folie nehmen und mit der befüllten Seite nach oben auf dem Rucola platzieren. Den Saft aus der Folie darüberträufeln.

Die Balsamicobutter erst kurz vor dem Servieren aus dem Kühlschrank nehmen und auf die Rote-Bete-Kugeln legen.

Gefüllte Rote Bete
auf weißer Pfefferpolenta mit Balsamicobutter

FÜR DIE ROTE BETEN
4 gekochte und geschälte Rote Beten
80 g veganer Frischkäse (siehe S. 225)
2 fein gehackte Schalotten
4 EL Balsamicoessig
4 kleine Rosmarinzweige
1 Prise gemahlener Kreuzkümmel
Salz und weißer Pfeffer aus der Mühle

FÜR DIE POLENTA
600 ml Gemüsebrühe
200 g weiße Polenta
100 ml Hafer Cuisine
2 EL Olivenöl
1 EL grüne Pfefferkörner in Salzlake
Salz

FÜR DIE BUTTER
200 g zimmerwarme vegane Margarine
50 ml Löwenzahn- oder Maiwipferlhonig (siehe S. 225)
30 ml Balsamicoessig
Fleur de Sel

AUSSERDEM
etwas Rucola zum Anrichten
2 EL Olivenöl zum Braten
4 Stück Alufolie (ca. 30 x 30 cm)

ZUBEREITUNG DER BALSAMICOBUTTER
Margarine mit einem Handrührgerät schaumig schlagen und Balsamicoessig sowie Löwenzahnhonig unterrühren. Zum Schluss Fleur de Sel unterheben. Butter mithilfe eines Spritzbeutels mit einer großen Sterntülle zu Rosetten formen und diese im Kühlschrank kalt stellen.

ZUBEREITUNG DER POLENTA
Gemüsebrühe, Hafer Cuisine, Olivenöl und etwas Salz in einem Topf aufkochen lassen. Polenta einrieseln lassen und alles ca. 30 Minuten auf kleiner Flamme unter ständigem Rühren köcheln lassen. Pfefferkörner abspülen und unter die Polenta rühren. Polentamasse auf ein leicht geöltes Blech ca. 1–2 cm dick auftragen und glatt streichen. Mindestens 1 Stunde kalt stellen. Dann 4 runde Polentascheiben ausstechen, auf beiden Seiten mit etwas Olivenöl bestreichen und von beiden Seiten ca. 3 Minuten auf der Grillrostplatte knusprig braten.

ZUBEREITUNG DER ROTEN BETEN
Rote Beten mit einem Parisienne-Ausstecher so aushöhlen, dass ein ca. 5 mm dicker Rand stehen bleibt. Veganen Käse mit Schalotten mischen. Käse mit Salz, Pfeffer und Kreuzkümmel würzen. Rote Beten mit der Käsemischung füllen. Je eine Rote-Bete-Kugel auf ein Stück Alufolie stellen, mit 1 EL Balsamicoessig beträufeln und einem Rosmarinzweig belegen und alles mit der Folie umwickeln. Rote Bete auf eine Alugrilltasse stellen und im Kugelgrill bei indirekter Hitze (ca. 200 °C) ca. 15 Minuten backen.

ZUBEREITUNGSZEIT: CA. 40 MIN. RUHEZEIT: CA. 60 MIN.
GRILLZEIT: CA. 20 MIN.

Gefüllte Zwiebeln
mit Salat aus grünen Bohnen

FÜR DEN SALAT
600 g grüne Bohnen
1 Zwiebel
6 EL Rapsöl
4 EL Apfelessig
2 EL gehackter Dill
1 Prise brauner Zucker
Salz und Pfeffer aus
der Mühle

ZUBEREITUNG DES SALATS
Enden der grünen Bohnen abschneiden. Bohnen in leicht gesalzenem Wasser weich kochen, dann abgießen und vom Kochfond 3–4 EL beiseitestellen. Bohnen kräftig mit kaltem Wasser abspülen. Zwiebel in feine Streifen schneiden. Bohnen mit Zwiebeln in eine Schüssel geben und mit Rapsöl vermischen. Mit Fond, Apfelessig, Salz, Pfeffer und Zucker würzen und alles gut mischen. Den Salat mindestens 1 Stunde durchziehen lassen. Vor dem Servieren mit Dill bestreuen.

ZUBEREITUNG
DER GEFÜLLTEN
ZWIEBELN

Grill / draußen kochen – einfach vegan 75

ZUBEREITUNG DER GEFÜLLTEN ZWIEBELN

Gefüllte Zwiebeln

FÜR DIE GEFÜLLTEN ZWIEBELN
8 Zwiebeln
200 g Couscous
200 ml Gemüsebrühe
100 g Champignons
100 g veganer Frischkäse
(siehe S. 225)
4 Tomaten
4 EL vegane Margarine
2 EL Olivenöl
1 EL schwarzer Sesam
4 TL Balsamicoessig
1 Knoblauchzehe
½ Chilischote
½ TL gemahlener Kreuzkümmel
1 Prise Zimt
Salz und Pfeffer aus
der Mühle

ZUBEREITUNG DER ZWIEBELN
Zwiebeln schälen und die oberen Enden waagrecht abschneiden. Das Innere der Zwiebeln am besten mit einem Teelöffel aushöhlen und beiseitelegen. Etwa 3 Zwiebelschichten stehen lassen. Strunk der Tomaten herausschneiden. Tomaten am Boden leicht kreuzförmig einschneiden und für ca. 30 Sekunden in kochendes Wasser geben. Dann mit einem Schaumlöffel aus dem Wasser heben, in einer Schüssel mit kaltem Wasser abschrecken, schälen und halbieren. Die Kerne entfernen und die Tomaten in feine Würfel schneiden. Gemüsebrühe aufkochen und Couscous einrühren. Dann vom Herd nehmen und zugedeckt ca. 5 Minuten quellen lassen. Mit einer Gabel auflockern. Champignons, Knoblauch, Chili und 50 g des Zwiebelinneren fein hacken. In einer Pfanne Olivenöl erhitzen und Champignons mit den Zwiebeln, Knoblauch und Chili anbraten. Champignons, Hälfte der Tomatenwürfel und Frischkäse unter den Couscous rühren. Mit Kreuzkümmel, Salz, Pfeffer und Zimt abschmecken und in die ausgehöhlten Zwiebeln füllen.

Gefüllte Zwiebeln mit Salat aus grünen Bohnen

Gefüllte Zwiebeln
mit Salat aus grünen Bohnen

AUSSERDEM
Zitronenscheiben und schwarzer Sesam für die Garnitur
8 Stück Alufolie (ca. 30 x 30 cm)
Bindfaden

Alufolie auf der Arbeitsfläche auslegen. Auf jedes Stück Folie eine gefüllte Zwiebel setzen. Alufolie um die Zwiebeln herumschlagen, aber oben offen lassen. Je ein kleines Stück Margarine und ½ TL Balsamicoessig auf die Zwiebeln geben. Mit etwas Salz und Pfeffer würzen und die Alufolie gut verschließen. Die eingewickelten Zwiebeln bei indirekter mittlerer Hitze ca. 20 Minuten im Kugelgrill backen. Vor dem Servieren die Folie öffnen und die Zwiebeln mit den restlichen Tomatenwürfeln belegen.

Anrichten:
Die Zwiebeln auf Teller legen und daneben den Bohnensalat anrichten. Den Salat mit etwas schwarzem Sesam bestreuen und mit Zitronenscheiben garnieren.

ZUBEREITUNGSZEIT: CA. 40 MIN.
MARINIERZEIT: CA. 60 MIN. GRILLZEIT: CA. 20 MIN.

Gegrillte Avocado
mit Tomatensalsa

FÜR DIE AVOCADOS
4 Avocados
4 EL Rapsöl
1 gehackte Knoblauchzehe
½ fein gehackte Chilischote
Salz und Pfeffer aus
der Mühle

FÜR DIE SALSA
2 Tomaten
2 Schalotten
1 grüne Paprika
½ Bund Basilikum
3 EL Balsamicoessig
3 EL Olivenöl
2 EL Pinienkerne
Salz und Pfeffer aus
der Mühle

AUSSERDEM
½ Radicchio

ZUBEREITUNG DER SALSA
Tomaten halbieren, Kerngehäuse entfernen und Tomaten würfeln. Paprika halbieren, Kerngehäuse entfernen und Paprika fein würfeln. Schalotten fein hacken. Basilikumblätter abzupfen und in feine Streifen schneiden. Pinienkerne ohne Zugabe von Fett in einer Pfanne leicht erwärmen. Tomaten, Paprika und Schalotten mit den Pinienkernen vermischen. Balsamicoessig und Olivenöl untermischen und alles mit Salz und Pfeffer abschmecken. Kurz vor dem Servieren Basilikum unterrühren.

ZUBEREITUNG DER AVOCADOS
Knoblauch, Chili und Rapsöl in einer kleinen Schüssel verrühren. Avocados halbieren und Kerne entfernen. Schalen vorsichtig entfernen. Avocadohälften dünn mit Öl bestreichen und mit etwas Salz und Pfeffer würzen. Avocados mit der Schnittfläche nach unten bei mittlerer Hitze ca. 4 Minuten grillen, wenden und auf der anderen Seite weitere 2–3 Minuten grillen.

Radicchio in feine Streifen schneiden, gründlich waschen und trocken schleudern. Dann auf Teller verteilen. Die gegrillten Avocados darauf anrichten und mit der Tomatensalsa überziehen.

ZUBEREITUNGSZEIT: CA. 25 MIN. GRILLZEIT: CA. 10 MIN.

Knoblauch-Gurken-Dip

200 g veganer Frischkäse (siehe S. 225) // 100 g Gurke // 50 g vegane saure Sahne // 4 Knoblauchzehen // 1 EL gehackter Schnittlauch // 1 TL Zitronensaft // abgeriebene Schale ½ Zitrone // 1 Prise Cayennepfeffer // Salz

Knoblauch sehr fein hacken. Gurke schälen, grob raspeln, salzen und ca. 10 Minuten ziehen lassen. Gurken gut ausdrücken und Gurkenwasser abgießen. Frischkäse und saurer Sahne mit Gurken, Schnittlauch, Zitronensaft und -schale sowie Knoblauch glatt rühren. Mit Salz und Cayennepfeffer abschmecken.

Gegrillte Babymaiskolben

600 g Babymaiskolben
6 EL Olivenöl
1 EL Apfelsüße
Saft ½ Zitrone
1 TL frisch geriebener Ingwer
1 kleine Chilischote
Salz und weißer Pfeffer
aus der Mühle

Maiskolben waschen und gut abtropfen lassen. Chilischote halbieren, Kerngehäuse entfernen und Chili klein hacken. Olivenöl in eine kleine Schüssel geben. Ingwer, Chili, Apfelsüße und Pfeffer dazugeben und alles gut verrühren. Marinade auf die Maiskolben geben und mindestens 30 Minuten einziehen lassen. Maiskolben vor dem Grillen gut abtropfen lassen, dann auf dem Grillrost unter gelegentlichem Drehen rundherum schön braun grillen. Die Maiskolben erst nach dem Grillen leicht salzen und mit etwas Zitronensaft beträufeln.

ZUBEREITUNGSZEIT: CA. 40 MIN.
MARINIERZEIT: CA. 30 MIN. GRILLZEIT: CA. 5 MIN.

Tomaten-Chili-Dip

250 g Tomaten // 30 g rote Zwiebel // 60 ml Wasser // 2 EL Ketchup (siehe S. 219) // 2 EL Rapsöl // 1 EL Tomatenmark // 1 Knoblauchzehe // 1 Chilischote // 2 TL Apfelsüße // 1 TL Apfelessig // 1 TL fein gehackte Petersilie // 1 TL fein gehackter Thymian // ½ TL Currypulver // Salz und Pfeffer aus der Mühle

Tomaten waschen, Strunk herausschneiden und Tomaten klein schneiden. Zwiebel und Knoblauch fein hacken. Chilischote halbieren, die Kerne entfernen und Chili fein hacken. Rapsöl in einem Topf erhitzen. Zwiebeln und Knoblauch darin anbraten. Tomaten, Ketchup, Tomatenmark, Chili, Apfelessig, Apfelsüße, Currypulver und Wasser dazugeben. Alles aufkochen lassen und auf kleiner Flamme ca. 20 Minuten köcheln lassen. Eventuell etwas Wasser nachgießen. Sauce mit einem Stabmixer fein pürieren, durch ein Sieb streichen und Petersilie und Thymian unterrühren. Mit Salz und Pfeffer abschmecken.

Grill / draußen kochen – einfach vegan

Gegrillte Birnen
an Portulaksalat mit Granatapfel

FÜR DIE BIRNEN
3 Birnen
Saft 1 Zitrone
3 EL Olivenöl
1 EL Apfelsüße
Salz und Pfeffer
aus der Mühle

FÜR DEN SALAT
400 g Portulak
1 Granatapfel
4 EL Walnussöl
2 EL Rotweinessig
1 TL Tahin
1 Prise brauner Zucker
Salz und Pfeffer aus
der Mühle

ZUBEREITUNG DER BIRNEN
Olivenöl mit Zitronensaft und Apfelsüße glatt rühren. Marinade leicht salzen und mit etwas Pfeffer abschmecken. Birnen in ca. 1 cm dicke Scheiben schneiden. Die Scheiben durch die Marinade ziehen und bei direkter mittlerer Hitze auf jeder Seite ca. 3 Minuten grillen.

ZUBEREITUNG DES SALATS
Portulak waschen und trocken schleudern. Rotweinessig, Tahin, Zucker, Salz und Pfeffer verrühren. Walnussöl kräftig unterschlagen. Granatapfel halbieren. Mit einem Löffel die Kerne einer Hälfte herauskratzen. Die andere Hälfte auf einer Zitronenpresse auspressen. Den Saft unter das Dressing rühren. Portulak mit Granatapfelkernen und Dressing vermischen und mit Salz und Pfeffer abschmecken.

Den Portulaksalat auf Tellern anrichten und die gegrillten Birnenscheiben darauf platzieren.

ZUBEREITUNGSZEIT: CA. 25 MIN. GRILLZEIT: CA. 6 MIN.

Gegrillte Mango
mit Mangomark

3 Mangos
1 Limette
3 EL Apfelsüße
1 EL Zitronensaft

Fruchtfleischhälften von 2 Mangos auf beiden Seiten am Kern entlang abschneiden. Fruchtfleisch bis zur Haut mit einem scharfen Messer im Karomuster einschneiden. Limette auspressen und den Saft mit 1 EL Apfelsüße verrühren. Mangohälften damit bestreichen. Für das Mangomark mit der 3. Mango gleich verfahren, nur hier die Haut vom Fruchtfleisch entfernen. Das Fruchtfleisch mit 2 EL Apfelsüße und Zitronensaft mit einem Stabmixer fein pürieren. Die Mangohälften auf dem Grillrost bei mittlerer Hitze ca. 4 Minuten grillen.

Die Mangos vom Grill nehmen, leicht aufbiegen und mit dem Mangomark auf Tellern anrichten.

ZUBEREITUNGSZEIT: CA. 20 MIN. GRILLZEIT: CA. 5 MIN.

Gemüsepaella

700 ml Gemüsebrühe
300 g Rundkornreis
300 g Auberginen
200 g Brokkoli
100 g große Muschelnudeln
100 g Zucchini
100 g Austernpilze
50 g grüne Bohnen
50 g Schalotten
6 EL Olivenöl
1 gelbe Paprika
1 EL gehackter Rosmarin
3 Knoblauchzehen
1 TL Thymian
2 Lorbeerblätter
1 Päckchen Safran
Salz und Pfeffer aus der Mühle

AUSSERDEM
1 in Spalten geschnittene Zitrone

Auberginen in ca. 1 cm große Würfel schneiden. Zucchini halbieren und in ca. 5 mm breite Scheiben schneiden. Bohnen putzen und Enden abschneiden. Brokkoli putzen und in Röschen zerteilen. Schalotten halbieren und in Streifen schneiden. Paprika halbieren, Kerngehäuse entfernen und Paprika in ca. 1 cm große Würfel schneiden. Knoblauch fein hacken. Grüne Bohnen und Brokkoli nacheinander in etwas Salzwasser bissfest garen, aus dem Wasser nehmen und kalt abschrecken. Muschelnudeln in reichlich Salzwasser bissfest garen, abgießen, mit 2 EL Olivenöl beträufeln und durchmischen. Eine gusseiserne Pfanne auf dem Kugelgrill platzieren und das restliche Olivenöl darin erhitzen. Auberginen, Zucchini, Paprika, Austernpilze und Schalotten darin anbraten. Knoblauch dazugeben und kurz mitbraten. Mit Gemüsebrühe ablöschen. Safran zwischen den Fingerspitzen etwas zerreiben und dazugeben. Reis hineingeben und umrühren. Lorbeerblätter dazugeben. Den Kugelgrill verschließen und die Paella bei mittlerer Hitze ca. 20 Minuten im Grill garen. Dann den Grill öffnen, Bohnen und Brokkoli unterrühren und restliche Flüssigkeit verdampfen lassen. Muschelnudeln, Thymian und Rosmarin unterrühren und mit Salz und Pfeffer abschmecken.

Die Gemüsepaella auf Tellern anrichten und mit Zitronenspalten servieren.

ZUBEREITUNGSZEIT: CA. 30 MIN. GRILLZEIT: CA. 35 MIN.

Tipp:
Zu den geschmorten Pastinaken passen knackiger Kräutersalat und Weißbrot. Die Marinade eignet sich auch sehr gut für Petersilienwurzeln, Karotten oder Fenchel. Die geschmorten Pastinaken sind ein tolles Gericht für einen schönen Sommerabend mit Freunden, weil das Gemüse so lange schmort. Genießen Sie beim Grillen den Sonnenuntergang, und stellen Sie die Pfanne direkt auf den Tisch, sodass sich jeder nach Herzenslust bedienen kann.

Geschmorte Pastinaken

1 kg Pastinaken
8 Schalotten
1 Zitrone
6 EL Olivenöl
4 EL Apfelsüße
2 EL Balsamicoessig
½ Bund Thymianzweige
4 Knoblauchzehen
4 Wacholderbeeren
2 Lorbeerblätter
1 Chilischote
1 TL Salz

Pastinaken der Länge nach halbieren. Zitrone halbieren und in Scheiben schneiden. Chilischote halbieren, Kerne entfernen und Chili fein hacken. Thymian etwas zerteilen. Für die Marinade Apfelsüße, Balsamicoessig, Olivenöl und Salz gut verrühren. Schalotten halbieren und Knoblauchzehen mit dem Messer andrücken. Pastinaken, Knoblauch, Schalotten, Zitronenscheiben, Thymian, Lorbeerblätter, Wacholderbeeren und Chili mit der Marinade vermischen. Das marinierte Gemüse ca. 20 Minuten ziehen lassen. Anschließend in eine passende Auflaufform füllen. Pastinaken im vorgeheizten Kugelgrill bei indirekter Hitze bei ca. 180–200 °C ca. 30 Minuten unter gelegentlichem Wenden schmoren.

ZUBEREITUNGSZEIT: CA. 10 MIN.
MARINIERZEIT: CA. 20 MIN. GRILLZEIT: CA. 30 MIN.

Grill / draußen kochen – einfach vegan

Tipp: Für dieses Gericht müssen Sie kein Liebhaber dieses gesunden Gemüses sein. Sie werden erstaunt sein, wie mild der Knoblauch schmeckt. Knoblauch erst am Tisch mithilfe einer Gabel aus der Schale pellen und auf den Thymianfladen streichen. Dann leicht salzen und pfeffern. Das Brot können Sie auch noch in Olivenöl eintauchen.

Geschmorter Knoblauch
auf Thymianfladen

FÜR DIE THYMIANFLADEN

500 g helles Weizenmehl
(am besten Farina Typ 00)
350 ml lauwarmes Wasser
20 g frische Hefe
2 EL Olivenöl
2 EL gehackter Thymian
2 TL Salz
2 TL brauner Zucker

FÜR DEN KNOBLAUCH

4 Knoblauchknollen,
am besten frische Knollen
8 EL Olivenöl
½ Zitrone
4 Rosmarinzweige
4 kleine Lorbeerblätter
1 TL Pul Biber
(türkische Paprikaflocken)
Salz und Pfeffer aus
der Mühle

AUSSERDEM

4 Stück Alufolie (ca. 20 x 20 cm)
Mehl zum Bestauben der
Arbeitsfläche
3 EL Olivenöl zum Bestreichen

ZUBEREITUNGSZEIT: CA. 20 MIN.
TEIGRUHE: CA. 75 MIN.
GRILLZEIT: CA. 40 MIN.

ZUBEREITUNG DER FLADEN

Hefe und Zucker im Wasser auflösen und mit Salz und Thymian in der Küchenmaschine oder mit einem Handrührgerät zu einem glatten Teig verarbeiten. Diesen auf der bemehlten Arbeitsfläche mit den Händen noch einmal kräftig durchkneten und zu einer Kugel formen. Danach den Teig in die mit Mehl ausgestaubte Rührschüssel zurücklegen, mit einem feuchten Tuch abdecken und an einem warmen Ort ca. 45 Minuten gehen lassen. Anschließend noch einmal kräftig durchkneten und in 6 – 8 gleich große Stücke teilen. Teiglinge auf der Arbeitsfläche zu länglichen, ca. 2 – 3 cm hohen Fladen formen. Dann die Fladen auf ein mit Mehl bestaubtes Brett oder Teller legen und zugedeckt weitere 20 Minuten gehen lassen. Die Fladen vor dem Grillen auf beiden Seiten mithilfe eines Pinsels leicht mit Olivenöl bestreichen und auf beiden Seiten ca. 5 – 8 Minuten auf dem Grillrost grillen. Dabei ist es hilfreich, das Brot zuerst auf einem Stück Backpapier bei indirekter Hitze anzubacken und die Fladen erst danach direkt auf den Rost zu legen. Wer einen Pizzastein hat, kann das Brot auch hervorragend darauf backen.

ZUBEREITUNG DES KNOBLAUCHS

Knoblauch etwas putzen und die Stiele eventuell kürzen. Zitrone in vier Scheiben schneiden. Alufolie auf der Arbeitsfläche ausbreiten. Je eine Knoblauchknolle darauflegen, leicht salzen und kräftig mit Olivenöl beträufeln. Danach je ein kleines Lorbeerblatt, eine Zitronenscheibe und einen Rosmarinzweig darauflegen und die Knollen mit etwas Pul Biber bestreuen. Pakete gut verschließen, sodass kein Olivenöl austreten kann, und im Kugelgrill bei 200 – 220 °C ca. 30 Minuten schmoren lassen. Anschließend den Deckel des Grills abnehmen und die Fladen grillen.

Grill / draußen kochen – einfach vegan 91

Grießschnitte
mit marinierten Erdbeeren

FÜR DIE GRIESSSCHNITTE
500 ml Mandeldrink
130 g Grieß
50 g vegane Margarine
2 EL Zucker
Mark 1 Vanilleschote
abgeriebene Schale ½ Zitrone
Salz

FÜR DIE ERDBEEREN
160 g Erdbeeren
2 EL Balsamicoessig
2 EL brauner Zucker

AUSSERDEM
Frischhaltefolie
2 EL Rapsöl zum Bestreichen
½ Bund Minze

Eine Auflaufform mit Frischhaltefolie auslegen. Mandeldrink mit Margarine, Zucker, Zitronenschale, Vanillemark und Salz zum Kochen bringen. Grieß einrieseln lassen und unter Rühren aufkochen lassen. So lange rühren, bis ein dicker Brei entsteht. Diesen in die vorbereitete Auflaufform füllen und glatt streichen. Der Brei sollte ca. 2 cm hoch sein. Dann mit Frischhaltefolie abdecken und auskühlen lassen.

Erdbeeren in kleine Würfel schneiden und mit Balsamicoessig und Zucker marinieren.

Grieß aus der Frischhaltefolie nehmen, in 8 gleich große, dreieckige Stücke schneiden. Diese auf beiden Seiten dünn mit Rapsöl bestreichen und auf der Grillrostplatte bei mittlerer Hitze auf beiden Seiten ca. 3–4 Minuten grillen.

Die Erdbeeren auf Tellern anrichten. Je 2 Grießschnitten dazulegen und mit etwas frisch gehackter Minze bestreuen.

ZUBEREITUNGSZEIT: CA. 25 MIN.
AUSKÜHLZEIT: CA. 60 MIN. GRILLZEIT: CA. 10 MIN.

Himbeeren im Reisblatt
mit Himbeermark

400 g Himbeeren
3 EL Rapsöl
2 EL gemahlene Haselnüsse
2 EL Semmelbrösel
2 EL Apfelsüße
1 EL brauner Zucker
1 TL vegane Margarine
¼ TL frisch geriebener Ingwer
abgeriebene Schale ¼ Zitrone
8 Reisblätter

Margarine in einer Pfanne schmelzen lassen. Haselnüsse und Semmelbrösel darin anrösten, dann etwas abkühlen lassen. Zucker, Brösel und 200 g Himbeeren vorsichtig mit der Zitronenschale vermengen. Für das Himbeermark restliche Himbeeren mit Apfelsüße und Ingwer vermengen, mit einem Stabmixer kurz aufmixen und anschließend durch ein feines Sieb streichen. Reisblätter kurz in kaltes Wasser legen und anschließend auf Frischhaltefolie auslegen. Himbeeren gleichmäßig auf die Blätter verteilen. Ränder ca. 2–3 cm nach innen schlagen und Reisblätter anschließend zu kleinen Strudeln rollen. Himbeerstrudel in die Frischhaltefolie einwickeln und erst kurz vor der Verwendung aus der Folie nehmen. Dann leicht mit Rapsöl bestreichen und auf der Grillplatte auf 2 Seiten bei mittlerer Hitze ca. 3–4 Minuten grillen.

Die Himbeeren im Reisblatt auf Tellern anrichten und mit etwas Himbeermark servieren.

ZUBEREITUNGSZEIT: CA. 15 MIN. GRILLZEIT: CA. 8 MIN.

Hirse-Bärlauch-Bratlinge
mit Shiitake und gegrillten Tomaten

FÜR DIE BRATLINGE
600 ml Gemüsebrühe
300 g Hirse
100 g Karotten
60 g Zwiebel
30 g Semmelbrösel
1 Bund Bärlauch
5 EL Rapsöl
Muskatnuss
Salz und Pfeffer aus der Mühle

FÜR DIE PILZE
200 g Shiitake
3 EL Sesamöl
2 EL gehackte Petersilie
1 EL helle Sojasauce
1 TL Zitronensaft
Salz

FÜR DIE TOMATEN
4 Rispen Kirschtomaten
Salz

AUSSERDEM
2 EL Pflanzenöl zum Bestreichen
2 EL gehackte Petersilie

ZUBEREITUNG DER BRATLINGE
Hirse in ein Sieb geben und unter fließendem Wasser gründlich waschen. Karotten fein würfeln. Zwiebel fein hacken und in einer Pfanne mit 1 EL Rapsöl anbraten. Bärlauch mit restlichem Rapsöl in einem Becher mit einem Stabmixer fein pürieren. Gemüsebrühe aufkochen lassen, Hirse hinzugeben und alles ca. 10 Minuten köcheln lassen. Karotten hineingeben und die Hirse weitere 15 Minuten quellen lassen. Semmelbrösel, Zwiebeln, Bärlauch und Muskatnuss untermischen und die Hirse mit Salz und Pfeffer abschmecken. Mit nassen Händen Bratlinge formen, diese auf 2 Seiten dünn mit etwas Öl bestreichen und auf einer Grillrostplatte von beiden Seiten ca. 3 Minuten grillen.

ZUBEREITUNG DER BEILAGEN
Tomatenrispen am Grillrostrand ca. 10 Minuten grillen. Vor dem Servieren mit etwas Salz bestreuen. Shiitake je nach Größe halbieren und mit Sesamöl, Sojasauce, Zitronensaft und Petersilie marinieren. Pilze auf der Grillrostplatte oder in einem Wok ca. 5 Minuten rösten, mit Salz abschmecken und mit gehackter Petersilie bestreuen.

Die Hirse-Bärlauch-Bratlinge mit den Shiitakepilzen und den gegrillten Tomaten auf Tellern anrichten.

ZUBEREITUNGSZEIT: CA. 40 MIN. GRILLZEIT: CA. 15 MIN.

Tipp: Achten Sie beim Kauf von Kochbananen darauf, dass sie wirklich reif sind. Greifen Sie nicht zu grünen oder gelben Bananen. Reife Kochbananen, die toll schmecken, sind richtig schwarz.

Karamellisierte Kochbananen
mit Cranberrysauce

FÜR DIE BANANEN
4 Kochbananen
5 EL Rapsöl
50 ml Apfelsüße

FÜR DIE SAUCE
400 g Cranberrys
300 g brauner Zucker
100 ml Wasser
1 Zimtstange
½ TL gemahlener Piment
1 Msp. Nelkenpulver
Saft und abgeriebene
Schale 1 Orange

Für die Sauce die Beeren gründlich putzen, waschen und abtropfen lassen. In einem Topf Cranberrys mit Zucker, Wasser, Zimtstange, Orangenschale und -saft sowie Piment und Nelkenpulver verrühren. Alles auf kleiner Flamme zum Kochen bringen und ca. 10 Minuten köcheln lassen. Dann auskühlen lassen.

Kochbananen schälen und in ca. 1 cm dicke Scheiben schneiden. Eine Pfanne auf dem Grill sehr gut erhitzen, dann das Rapsöl hineingeben. Bananenscheiben nebeneinander hineinlegen und auf beiden Seiten ca. 5 Minuten goldgelb backen. Apfelsüße darübergeben, alles gut durchmischen und karamellisieren lassen.

Die karamellisierten Bananen auf Tellern anrichten und mit der Cranberrysauce servieren.

ZUBEREITUNGSZEIT: CA. 25 MIN. **GRILLZEIT:** CA. 10 MIN.

Anrichten:
Tomaten mit einer Gabel etwas einstechen, auf den Rost legen und unter gelegentlichem Wenden ca. 5 Minuten grillen. Dann leicht salzen und pfeffern. Die Burger auf Holzbrettern mit Wedges, Maiskolben und gegrillten Tomaten anrichten.

Kichererbsenburger
mit Wedges und Maiskolben

FÜR DIE BRATLINGE
200 g Kichererbsen
100 g Champignons
½ rote Paprika
60 g Zwiebel
40 g gemahlene Mandeln
6 EL Olivenöl
4 EL Semmelbrösel
2 fein gehackte Knoblauchzehen
2 EL gehackte Petersilie
1 TL Tomatenmark
1 TL Zitronensaft
1 TL Senf
gemahlene Koriandersamen
gemahlener Kümmel
Salz und Pfeffer aus
der Mühle

AUSSERDEM
4 Ciabattabrötchen
4 Salatblätter
8 Paprikaringe
4 EL Cocktailsauce
(siehe S. 218)
4 kleine Tomaten
Salz und Pfeffer aus
der Mühle
Öl für den Grill

ZUBEREITUNG DES BURGERS

Kichererbsen über Nacht einweichen. Dann in leicht gesalzenem Wasser sehr weich kochen, abgießen und auskühlen lassen. Champignons halbieren und in feine Scheiben schneiden. Zwiebel fein hacken. Paprika in kleine Würfel schneiden. 3 EL Olivenöl in einer Pfanne erhitzen und Champignons, Paprika, Zwiebeln und Knoblauch darin anbraten. Kichererbsen, Tomatenmark, Senf, Zitronensaft und restliches Olivenöl im Mixer fein pürieren. Kichererbsenmasse in eine Schüssel geben. Angebratenes Gemüse, Mandeln und Semmelbrösel unterrühren. Mit Petersilie, Kümmel, Koriander, Salz und Pfeffer abschmecken. Mit feuchten Händen Bratlinge vom Durchmesser der Ciabattabrötchen formen und Bratlinge bei mittlerer Hitze auf einer leicht eingeölten gusseisernen Grillplatte auf beiden Seiten ca. 5 Minuten grillen. Ciabattabrötchen halbieren und auf den Innenseiten leicht antoasten. Je einen Kichererbsenbratling auf eine Hälfte eines Brötchens legen. Salatblätter, Paprikaringe und etwas Cocktailsauce darauf verteilen und die zweite Hälfte des Brötchens als Deckel darauflegen.

→ ZUBEREITUNG DER WEDGES UND DER MAISKOLBEN

Grill / draußen kochen – einfach vegan   101

ZUBEREITUNG DER WEDGES UND DER MAISKOLBEN

mit Wedges und

FÜR DIE WEDGES
600 g kleine Kartoffeln
4 EL Olivenöl
2 EL gehackter Rosmarin
Salz und Pfeffer aus der Mühle

ZUBEREITUNG DER WEDGES
Kartoffeln gründlich bürsten, halbieren und in Salzwasser nicht zu weich kochen. Aus dem Kochwasser nehmen und auskühlen lassen. Kartoffeln in eine Schüssel geben und mit Olivenöl beträufeln. Mit Salz, Pfeffer und Rosmarin würzen und gut durchmischen. Wedges von beiden Seiten auf dem Rost so lange grillen, bis sie schön braun sind.

Kichererbsen-burger
mit Wedges und Maiskolben

Kichererbsenburger
mit Wedges und Maiskolben

Maiskolben

FÜR DIE MAISKOLBEN
4 gekochte Maiskolben
3 EL Olivenöl
Salz
100 g zerlassene Chilibutter
(siehe S. 211)

ZUBEREITUNG DER MAISKOLBEN
Maiskolben in ca. 5 cm große Stücke schneiden. Diese in eine Schüssel geben, mit dem Öl beträufeln und leicht salzen. Alles mischen und die Maiskolben auf dem Grillrost oder der Grillplatte rundherum grillen. Gegrillte Maiskolben mit Chilibutter bestreichen.

ZUBEREITUNGSZEIT: CA. 60 MIN.
EINWEICHZEIT: CA. 12 STUNDEN **GRILLZEIT:** CA. 20 MIN.

Grill / draußen kochen – einfach vegan 103

Kochbanane
mit Avocadodip

4 Kochbananen

FÜR DEN DIP
2 Avocados
200 g Sojajoghurt
1 rote Paprika
2 EL Zitronensaft
1 Schalotte
½ TL gemahlener Kreuzkümmel
Cayennepfeffer
Salz und weißer Pfeffer
aus der Mühle

Für den Avocadodip Schalotte fein würfeln. Paprika halbieren, Kerngehäuse entfernen und Paprika fein würfeln. Avocados halbieren, Kerne entfernen und das Fruchtfleisch mit einem Löffel herausschaben. Fruchtfleisch mit Zitronensaft beträufeln und mit einer Gabel zerdrücken. Sojajoghurt, Paprika und Schalotten unterrühren und mit Kreuzkümmel, Salz und beiden Pfeffersorten abschmecken. Kochbananen ca. 30 Minuten im Kugelgrill bei mittlerer indirekter Hitze backen. Bananen wenden und in weiteren 15 Minuten fertig backen. Vom Grill nehmen und Bananenschale mit einem Messer wie auf dem Bild aufschneiden. Schale nach hinten aufrollen und eventuell mit einem kleinen Spieß fixieren.

Kochbananen auf Tellern anrichten und mit dem Avocadodip servieren.

ZUBEREITUNGSZEIT: CA. 20 MIN. GRILLZEIT: CA. 40 MIN.

Kürbis
auf Bulgursalat

FÜR DEN KÜRBIS
800 g Kürbis (Muskat, Hokkaido oder Butternuss)
80 ml Rapsöl
Saft 1 Zitrone
2 EL Ahornsirup
1 TL Tomatenmark
½ TL frisch geriebener Ingwer
½ gehackte Chilischote
Salz und Pfeffer aus der Mühle

FÜR DEN SALAT
ca. 800 ml Wasser
200 g Bulgur
1 Zucchino
½ Bund Minze
½ rote Paprika
2 Frühlingszwiebeln
6 EL Olivenöl
Saft 1 Zitrone
3 EL Granatapfelsaft
1 EL Pul Biber (türkische Paprikaflocken)
1 TL Zucker
Salz und Pfeffer aus der Mühle

AUSSERDEM
1 in Scheiben geschnittene Zitrone

ZUBEREITUNG DES SALATS
Für den Bulgur leicht gesalzenes Wasser zum Kochen bringen und Bulgur einrühren. Bulgur ca. 20 Minuten ziehen lassen und anschließend abgießen. Frühlingszwiebeln in feine Ringe schneiden. Zucchino und Paprika in kleine Würfel schneiden. Bulgur mit Gemüse vermengen. Zitronensaft, Granatapfelsaft, Zucker, Salz, Pfeffer und Pul Biber verrühren. Marinade und Olivenöl zum Bulgur geben und untermischen. Den Salat mindestens 1 Stunde ziehen lassen. Dann die Minze fein hacken und unter den Salat mischen.

ZUBEREITUNG DES KÜRBISSES
Kürbis in 1 cm dicke Scheiben schneiden und das Kerngehäuse entfernen. Beim Hokkaido kann die Schale mitgegessen werden, alle anderen Kürbissorten sollten geschält werden. Rapsöl, Zitronensaft, Tomatenmark, Ahornsirup, Chili, Ingwer und Pfeffer verrühren. Kürbisscheiben damit marinieren und ca. 1 Stunde ziehen lassen. Danach gut abtropfen lassen, auf beiden Seiten leicht salzen und bei direkter mittlerer Hitze auf dem Grill auf beiden Seiten 6–8 Minuten grillen.

Den Bulgursalat auf Tellern anrichten. Die Kürbisscheiben darauf platzieren und mit Zitronenscheiben garnieren.

ZUBEREITUNGSZEIT: CA. 40 MIN.
MARINIERZEIT: CA. 60 MIN. **GRILLZEIT:** CA. 15 MIN.

Tipp: Natürlich können Sie die Spieße auch entfernen und die Wraps klassisch wickeln, aber so machen die Kürbisspieße auf dem Teller einen eleganteren Eindruck.

Kürbisspieß im Wrap
mit Avocadodip

FÜR DEN KÜRBIS
800 g geschälter Muskatkürbis
300 ml Apfelsaft
100 ml Apfelessig
1 rote Zwiebel
5 EL Rapsöl
1 EL brauner Zucker
1 EL fein gehackte Petersilie
1 fein gehackte Knoblauchzehe
1 fein gehackte Chilischote
1 TL Kurkuma
1 TL schwarzer Kümmel
1 TL Koriandersamen
½ TL Senfkörner
Salz und Pfeffer aus der Mühle

ZUBEREITUNG DES KÜRBISSPIESSES
Kümmel, Koriandersamen und Senfkörner in einem Mörser fein zermahlen. Eine Pfanne erhitzen und die gemahlenen Gewürze mit Kurkuma darin kurz anrösten. Mit Apfelessig und Apfelsaft ablöschen. Knoblauch, Zucker und Chilischote dazugeben und alles einmal aufkochen lassen. Kürbis in ca. 2–3 cm große Würfel schneiden und zusammen mit der Marinade noch einmal aufkochen lassen. Vom Herd nehmen und den Kürbis zugedeckt mindestens 6 Stunden ziehen lassen. Danach aus der Marinade heben und gut abtropfen lassen. Rapsöl mit Petersilie vermengen. Zwiebel halbieren und in ca. 2 cm breite Spalten schneiden. Kürbisstücke und Zwiebeln abwechselnd auf die Spieße stecken. Fertige Spieße auf ein Tablett legen und mit der Öl-Petersilie-Mischung einpinseln. Vor dem Grillen leicht mit Salz und Pfeffer würzen. Die Spieße bei direkter Hitze auf dem Rost auf 2 Seiten ca. 5 Minuten grillen.

ZUBEREITUNG DES AVOCADODIPS

Grill / draußen kochen – einfach vegan

ZUBEREITUNG DES AVOCADODIPS

mit Avocadodip

FÜR DEN DIP
2 Avocados
40 g Sojajoghurt
Saft 1 Limette
1 fein gehackte Knoblauchzehe
1 Prise Cayennepfeffer
Salz

ZUBEREITUNG DES DIPS
Avocados der Länge nach bis zum Kern einschneiden und durch eine Drehbewegung öffnen. Kerne entfernen. Fruchtfleisch mit einem Esslöffel herausschaben und in eine Schüssel geben. Limettensaft, Sojajoghurt und Knoblauch dazugeben und alles gut mit einer Gabel zerdrücken. Mit Cayennepfeffer und Salz abschmecken.

Kürbisspieß im Wrap
mit Avocadodip

Kürbisspieß im Wrap
mit Avocadodip

AUSSERDEM
4 große Wraps
100 g in Streifen geschnittener Eisbergsalat
2 in dünne Scheiben geschnittene Tomaten
1 in Scheiben geschnittene rote Zwiebel
4 große Metall- oder Bambusspieße
4 Backpapierstreifen (ca. 30 x 20 cm)
Bindfaden

Wraps kurz auf einer Seite auf den Rost legen und etwas erwärmen. Dann auf die Arbeitsfläche legen, mit Avocadodip bestreichen und Eisbergsalat, Zwiebel- und Tomatenscheiben darauflegen. Kürbisspieße in die Mitte legen und Enden der Wraps darüberschlagen. Backpapier einmal der Länge nach falten, um die Wraps wickeln und alles mit etwas Bindfaden fixieren.

ZUBEREITUNGSZEIT: CA. 25 MIN.
MARINIERZEIT: CA. 6 STUNDEN **GRILLZEIT:** CA. 15 MIN.

Grill / draußen kochen – einfach vegan

Tipp: Dazu ein frisches Chapati, einfach perfekt! Das Rezept finden Sie auf S. 179.

Okraschotencurry
aus dem Wok

600 g Okraschoten
400 ml Kokosmilch
100 g rote Zwiebeln
1 rote Paprika
½ Limette
2 EL Sesamöl
2 Limettenblätter (Kaffirblätter aus dem Asialaden)
½ Chilischote
1 TL Kurkuma
1 TL gemahlener Kreuzkümmel
1 TL Senfkörner
½ TL frisch geriebener Ingwer
Salz und Pfeffer aus der Mühle

Okraschoten putzen. Zwiebeln in ca. 5 mm breite Streifen schneiden. Paprika halbieren, Kerngehäuse entfernen und Paprika in ca. 5 mm breite Streifen schneiden. Limettenschale abreiben und den Saft auspressen. Kerne der Chilischote entfernen und Chili fein hacken. Wok auf dem Gaskocher oder im Grilleinsatz stark erhitzen. Sesamöl hineingeben, dann Zwiebeln und Paprika darin anbraten. Limettenblätter, -schale und -saft sowie Chili, Kreuzkümmel, Senfkörner und Ingwer dazugeben und kurz mitbraten. Okraschoten ebenfalls kurz mitbraten. Kurkuma dazugeben und mit Kokosmilch ablöschen. Das Curry ca. 5 Minuten auf kleiner Flamme köcheln lassen und mit Salz und Pfeffer abschmecken.

ZUBEREITUNGSZEIT: CA. 20 MIN. GRILLZEIT: CA. 10 MIN.

Dieses Rezept eignet sich ebenfalls für die Zubereitung im Dutch Oven.

Grill / draußen kochen – einfach vegan

Tipp: Zu den orientalischen Kichererbsenspießen serviere ich am liebsten Krautsalat, Fladenbrot und eine einfache Joghurtsauce mit Minze.

Orientalische Kichererbsenspieße

250 g getrocknete Kichererbsen
50 g Zwiebel
40 g Semmelbrösel
20 g helles Weizenmehl
2 EL geschnittener Lauch
½ Bund Petersilie
½ Bund Koriander
abgeriebene Schale und
Saft ½ Zitrone
2 Knoblauchzehen
1 TL Gewürzmischung
(Zimt, Nelken, Muskatnuss,
Koriander, Kreuzkümmel)
1 TL Weinsteinbackpulver
Salz und Pfeffer aus
der Mühle

AUSSERDEM
4 Bambusspieße
(ca. 20 cm Länge)
3 EL Rapsöl für die Grillplatte

Kichererbsen über Nacht einweichen. Mit frischem Wasser weich kochen und abgießen. Etwas Kochwasser beiseitestellen. Zwiebel und Knoblauch grob hacken. Petersilien- und Korianderblätter abzupfen und grob hacken. Kichererbsen, Zwiebeln, Lauch, Knoblauch, Zitronenschale und -saft sowie Kräuter mit einem Stabmixer oder in der Küchenmaschine fein pürieren. Semmelbrösel, Mehl, Backpulver und Gewürze untermischen. Die Masse kräftig durchkneten und mit Salz und Pfeffer abschmecken. Sollte die Masse zu trocken sein, löffelweise etwas von dem Kochwasser dazugeben. Dann längliche Bratlinge formen und auf Bambusspieße stecken. Spieße auf der leicht eingeölten Grillrostplatte bei mittlerer Hitze auf 2 Seiten für ca. 5 Minuten grillen.

ZUBEREITUNGSZEIT: CA. 35 MIN.
EINWEICHZEIT: CA. 12 STUNDEN **GRILLZEIT:** CA. 10 MIN.

Pancakes
mit gebratenen Apfelspalten

FÜR DIE PANCAKES
300 ml Vanillesojadrink
100 ml kohlensäurehaltiges Mineralwasser
100 g helles Weizenmehl
50 g Weizenvollkornmehl
30 g brauner Zucker
6 EL Rapsöl
2 EL Apfelsüße
1 EL Weinsteinbackpulver
1 Prise Salz

FÜR DIE APFELSPALTEN
2 Äpfel
½ Bund Zitronenmelisse
4 EL Apfelsüße

AUSSERDEM
4 EL Rapsöl zum Grillen

Beide Mehlsorten mit Backpulver, Zucker und Salz in einer Schüssel vermengen. Mit Sojadrink und Rapsöl zu einem glatten Teig verrühren, dann Mineralwasser langsam unterrühren. Äpfel vierteln, Kerngehäuse entfernen und Äpfel in Spalten schneiden. Von der Zitronenmelisse die Blätter abzupfen und fein schneiden. Einen heißen Stein oder eine gusseiserne Pfanne oder Platte auf dem Grill erhitzen, dann leicht mit Öl bestreichen. Den Teig mithilfe einer Schöpfkelle auf die Platte geben und zu kleinen Pancakes formen. Pancakes von beiden Seiten goldbraun backen. Apfelspalten von beiden Seiten ebenfalls auf dem Stein anbraten.

Die Pancakes mit Apfelspalten auf Tellern anrichten und je nach Geschmack mit Apfelsüße beträufeln. Mit Zitronenmelisse bestreuen.

ZUBEREITUNGSZEIT: CA. 10 MIN. GRILLZEIT: CA. 15 MIN.

Tipp: Zu dem Grillkäse passt hervorragend Chapati, ein indisches Fladenbrot. Das Rezept finden Sie auf S. 179.

Paprikagrillkäse
mit lauwarmem Tomatensalat

FÜR DEN KÄSE
2 l Sojadrink
Saft von 2 Zitronen
1 TL edelsüßes Paprikapulver
1 TL Salz

FÜR DEN SALAT
16 Kirschtomaten
2 Schalotten
4 EL Olivenöl
2 EL Balsamicoessig
1 Knoblauchzehe
½ TL gemahlener Kreuzkümmel
Salz und Pfeffer aus
der Mühle

AUSSERDEM
4 Bahnen Frischhaltefolie
(ca. 25 cm Länge)
4 Stück Alufolie
(ca. 30 x 40 cm)
4 EL gehacktes Basilikum

ZUBEREITUNG DES KÄSES
Bei der Zubereitung des Paprikakäses genauso verfahren wie beim Bärlauchkäse (siehe S. 49), dabei aber den Bärlauch und den Garam masala weglassen und dafür das Paprikapulver hineinrühren. Tomaten in dünne Scheiben schneiden. Schalotten in Ringe schneiden. Knoblauch fein hacken. Kreuzkümmel, Salz, Pfeffer, Olivenöl und Balsamicoessig zu den Tomaten geben und alles vorsichtig marinieren. Käseblöcke aus der Frischhaltefolie nehmen. Alufolie auf der Arbeitsfläche auslegen und je ein Stück Käse und etwas Tomatensalat darauflegen. Folie gut verschließen, sodass aus den Päckchen nichts ausläuft. Die Päckchen bei mittlerer Hitze auf den Grillrost legen und ca. 10 Minuten grillen.

Die Päckchen vom Grill nehmen, öffnen, mit etwas Basilikum bestreuen und servieren.

ZUBEREITUNGSZEIT: CA. 30 MIN.
RUHEZEIT: CA. 12 STUNDEN GRILLZEIT: CA. 10 MIN.

Tipp: Wenn Sie einen Pizzastein besitzen, backen Sie die Pitabrote darauf.

Pfannengyros
in Pitabrot

FÜR DAS GYROS
500 ml Gemüsebrühe
120 g Sojaschnetzel
1 Zucchino
1 rote Spitzpaprika
1 Zwiebel
5 EL Olivenöl
4 EL Sojasauce
2 EL gehackte Petersilie
2 fein gehackte Knoblauchzehen
1 TL Oregano
1 TL Thymian
½ fein gehackte Chilischote
½ TL gemahlener Kümmel
Salz und Pfeffer aus der Mühle

FÜR DAS PITABROT
250 g helles Weizenmehl
200 g Dinkelmehl
200 ml lauwarmes Wasser
50 ml Olivenöl
25 g frische Hefe
10 g Salz
1 Prise brauner Zucker

ZUBEREITUNGSZEIT: CA. 30 MIN.
TEIGRUHE: CA. 60 MIN.
MARINIERZEIT: CA. 10 MIN.
GRILLZEIT: CA. 10 MIN.

ZUBEREITUNG DES PITABROTS
Hefe mit Zucker im Wasser auflösen. Weizen- und Dinkelmehl in eine Schüssel sieben. Mehl mit Olivenöl, Salz und der Wasser-Hefe-Mischung mit einem Handrührgerät zu einem glatten Teig verarbeiten. Diesen auf der bemehlten Arbeitsfläche mit den Händen noch einmal kräftig durchkneten und zu einer glatten Kugel formen. Teig in die mit Mehl ausgestaubte Schüssel zurücklegen, mit einem feuchtem Geschirrtuch abdecken und an einem warmen Ort ca. 40 Minuten gehen lassen. Danach noch einmal kräftig durchkneten, Teig in 6 gleich große Stücke teilen und diese zu Kugeln formen. Teiglinge auf die Arbeitsfläche legen und zugedeckt weitere 20 Minuten gehen lassen. Ofen auf 180 °C vorheizen und ein Blech mit Backpapier belegen. Teiglinge mit der Hand flach drücken, auf das Blech legen, mit etwas Wasser bestreichen und im Ofen ca. 20 Minuten backen, bis die Pitabrote goldbraun sind.

ZUBEREITUNG DES GYROS
Gemüsebrühe aufkochen und über die Sojaschnetzel geben. Alles ca. 10 Minuten ziehen lassen, dann abgießen und gut ausdrücken. Zucchino, Paprika und Zwiebel in ca. 3–4 mm dicke Scheiben schneiden. Gemüse und Sojaschnetzel in einer Schüssel vermischen. Olivenöl, Sojasauce, Knoblauch, Chili, Petersilie, Oregano, Thymian, Kümmel, Salz und Pfeffer dazugeben und alles kräftig durchmischen. Grillpfanne oder Wok auf dem Grill sehr heiß werden lassen. Gyros in die Grillpfanne geben und unter ständigem Rühren kräftig anbraten. Bei Bedarf noch etwas Olivenöl hinzugeben.

Die Pitabrote aufschneiden und mit dem Pfannengyros füllen.

Pfefferpolenta
mit Wurzelgemüse und Erbsencreme

FÜR DIE POLENTA
400 ml Gemüsebrühe
100 g Polenta
3 EL grüne Pfefferkörner
in Salzlake
4 Thymianzweige
1 Knoblauchzehe
1 Lorbeerblatt

FÜR DAS WURZELGEMÜSE
600 g junge Karotten mit Grün
Saft 1 Zitrone
6 EL Olivenöl
1 Prise Zucker
Salz und weißer Pfeffer
aus der Mühle

FÜR DIE ERBSENCREME
300 g grüne Erbsen
50 ml Hafer Cuisine
3 EL Olivenöl
2 EL gehackte Minze
1 EL Bohnenkraut
1 EL Zitronensaft
1 Prise Zucker
Salz und weißer Pfeffer
aus der Mühle

AUSSERDEM
Frischhaltefolie
4 EL Rapsöl zum Bestreichen

ZUBEREITUNGSZEIT: CA. 40 MIN.
KÜHLZEIT: CA. 3 STUNDEN
GRILLZEIT: CA. 10 MIN.

ZUBEREITUNG DER POLENTA
Gemüsebrühe mit geschältem Knoblauch, Lorbeerblatt, und Thymianzweigen aufkochen und ca. 5 Minuten ziehen lassen. Thymian, Lorbeerblatt und Knoblauch aus dem Fond entfernen und Polenta einrühren. Diese auf kleiner Flamme so lange rühren, bis die Flüssigkeit aufgesogen ist. Pfefferkörner aus der Salzlake nehmen, abspülen und unter die Polenta rühren. Ein Blech mit Frischhaltefolie auslegen, die Masse darauf ca. 2 cm dick aufstreichen und 3 Stunden kalt stellen. Danach die Polenta in ca. 4 x 10 cm große Stücke schneiden. Diese auf beiden Seiten dünn mit Öl bestreichen und am besten in einer Alugrilltasse oder auf der Grillrostplatte ca. 3 – 4 Minuten auf beiden Seiten grillen.

ZUBEREITUNG DES WURZELGEMÜSES
Karotten schälen, vom Grün bis auf 2 – 3 cm befreien, in leicht gesalzenem Wasser bissfest kochen und danach in kaltem Wasser abschrecken. Olivenöl mit Zitronensaft, Salz, Pfeffer und Zucker anrühren. Die Karotten damit bestreichen und ca. 20 Minuten marinieren lassen. Die Karotten auf der Grillrostplatte oder dem Rost bei direkter mittlerer Hitze ca. 3 – 4 Minuten von 2 Seiten grillen.

ZUBEREITUNG DER ERBSENCREME
Erbsen in einem Topf mit leicht gesalzenem Wasser bedecken und ca. 10 Minuten dünsten. Nach dem Abgießen mit kaltem Wasser abschrecken. Erbsen mit Hafer Cuisine, Olivenöl, Minze, Bohnenkraut, Zitronensaft, Salz, Zucker und Pfeffer in einen Mixbecher füllen und mit dem Stabmixer pürieren.

Die Pfefferpolenta auf Tellern anrichten. Etwas Erbsencreme daraufgeben und das gegrillte Wurzelgemüse ebenfalls darauf anrichten.

Pimientos
mit Kräuterbaguette

FÜR DIE PIMIENTOS
400 g Pimientos de Padrón
4 EL Olivenöl
2 Knoblauchzehen
2 Lorbeerblätter
Fleur de Sel

FÜR DIE KRÄUTERBAGUETTES
300 g helles Weizenmehl
250 ml lauwarmes Wasser
200 g Einkornmehl oder Weizenvollkornmehl
5 EL Kräuterbutter (siehe S. 212)
2 EL Olivenöl
42 g frische Hefe
1 TL gerebelter Oregano
1 TL Thymian
1 TL Salz
½ TL fein gehackter Rosmarin
½ TL Apfelsüße

ZUBEREITUNG DER BAGUETTES
Beide Mehlsorten in eine Schüssel sieben. Kräuter, Salz und Apfelsüße untermengen. Hefe im Wasser auflösen und das Gemisch mithilfe eines Handrührgeräts mit dem Olivenöl unter das Mehl arbeiten. Alles so lange kneten, bis ein glatter Teig entsteht. Den Teig auf einer bemehlten Arbeitsfläche noch einmal kräftig durchkneten und in eine mit Mehl ausgestaubte Schüssel legen. Mit einem Geschirrtuch bedeckt an einem warmen Ort ca. 40 Minuten gehen lassen. Dann den Teig auf der Arbeitsfläche noch einmal kräftig durchkneten, vierteln und kleine längliche Baguettes formen. Die Baguettes auf ein mit Backpapier belegtes Blech legen, bedecken und weitere 30 Minuten gehen lassen. Ofen auf 180 °C vorheizen, Baguettes mit etwas Wasser bestreichen und 20–25 Minuten backen. Baguettes etwas abkühlen lassen, dann der Länge nach halbieren und mit weicher Kräuterbutter bestreichen. Baguettes zuerst mit der Kruste bei indirekter Hitze auf den Grillrost legen, ca. 2 Minuten grillen, wenden und weitere 2 Minuten grillen.

ZUBEREITUNG DER PIMIENTOS
Eine gusseiserne Pfanne auf dem Grill stark erhitzen. Olivenöl hineingeben und Pimientos mit ungeschältem Knoblauch und Lorbeerblättern darin unter Rühren kurz und scharf anbraten.

Pimientos auf eine Platte geben, mit Fleur de Sel bestreuen und mit den Kräuterbaguettes servieren.

ZUBEREITUNGSZEIT: CA. 30 MIN. **TEIGRUHE:** CA. 70 MIN.
BACKZEIT: CA. 25 MIN. **GRILLZEIT:** CA. 10 MIN.

Rolands Quesadillas
mit Süßkartoffelsalat

FÜR DIE QUESADILLAS
4 Tortillas
1 Aubergine
1 Zucchino
1 Zwiebel
8 EL Ajvar (siehe S. 35)
½ rote Paprika
½ grüne Paprika
2 EL gehackter Koriander
1 kleine Chilischote
Salz und Pfeffer aus
der Mühle

FÜR DEN SALAT
600 g Süßkartoffeln
1 Avocado
1 rote Paprika
5 EL Balsamicoessig
4 EL Saatenmischung
4 EL Olivenöl
1 EL brauner Zucker
1 Knoblauchzehe
Salz und Pfeffer aus
der Mühle

ZUBEREITUNG DER QUESADILLAS
Zucchino und Aubergine in ca. 5 mm dicke Streifen schneiden. Kerngehäuse der Paprika entfernen und Paprika nochmals halbieren. Zucchini, Auberginen und Paprika auf dem Grillrost von beiden Seiten ca. 4 Minuten bei mittlerer Hitze grillen. Gemüse vom Grill nehmen, fein würfeln und mit Koriander und Ajvar vermengen. Chilischote hacken. Zwiebel in feine Würfel schneiden und mit Chili unter das Gemüse mischen. Alles mit Salz und Pfeffer abschmecken. Tortillas auf der Arbeitsfläche auslegen. Gemüsefüllung gleichmäßig darauf verteilen. Tortillas zusammenklappen und von beiden Seiten auf dem Grill bei mittlerer Hitze ca. 2–3 Minuten grillen.

ZUBEREITUNG DES SALATS
Süßkartoffeln in ca. 2 cm große Würfel schneiden. Knoblauch fein hacken. Kartoffeln mit Olivenöl mischen, leicht salzen und mit etwas Pfeffer würzen. In einen Bräter geben und im vorgeheizten Ofen bei 200 °C ca. 30 Minuten unter gelegentlichem Umrühren garen. Paprika in kleine Würfel schneiden. Avocado halbieren, Kern entfernen, schälen und das Fruchtfleisch in ca. 1 cm große Würfel schneiden. Süßkartoffeln mit Paprika, Avocado und Knoblauch vermengen. Dann mit Balsamicoessig, Zucker und Saatenmischung vermengen und das Ganze in einem gusseisernen Topf am Grillrand etwas erwärmen.

Die Quesadillas mit dem Süßkartoffelsalat servieren.

ZUBEREITUNGSZEIT: CA. 40 MIN. GRILLZEIT: CA. 20 MIN.

Tipp: Wenn Sie mögen, bestreuen Sie den Rote-Bete-Salat mit frisch geriebenem Meerrettich. Dazu passen am besten ein Stück Baguette oder einige gegrillte Kartoffelscheiben.

Rote-Bete-Salat en papillote
vom Grill

500 g Rote Bete
4 Schalotten
6 EL Olivenöl
4 EL Balsamicoessig
1 Zitrone
2 TL gemahlener Kreuzkümmel
4 Lorbeerblätter
Salz und Pfeffer aus der Mühle

AUSSERDEM
4 Stück Backpapier (ca. 30 x 40 cm)
Bindfaden

Rote Bete in gut gesalzenem Wasser 40–60 Minuten kochen, aber nicht zu weich werden lassen. Anschließend in kaltem Wasser abschrecken und sofort schälen. Schalotten halbieren. Rote Bete in ca. 3–4 cm große Stücke schneiden und mit den Schalotten in eine Schüssel geben. Zitrone in Spalten schneiden. Rote Bete, Zitronen, Olivenöl, Balsamicoessig, Lorbeerblätter, Kreuzkümmel, Salz und Pfeffer würzen und alles gut mischen. Backpapier auf der Arbeitsfläche ausbreiten und Rote Bete gleichmäßig darauf verteilen. Lange Seite des Backpapiers nach oben schlagen und Rote Bete darin einrollen. Die beiden Enden so mit Bindfaden verschließen, dass kein Saft austreten kann. Päckchen im geschlossenen Kugelgrill bei indirekter Hitze bei ca. 180–200 °C ca. 10–15 Minuten backen.

Nach dem Grillen die Päckchen auf Holzbrettern anrichten und erst bei Tisch öffnen.

ZUBEREITUNGSZEIT: CA. 60 MIN. **KOCHZEIT:** CA. 60 MIN.
GRILLZEIT: CA. 15 MIN.

Grill / draußen kochen – einfach vegan 129

Tipp:
Wie kriegt man den Teig auf den Pizzastein? Sie können den Teig ausrollen, zart mit Mehl bestauben, vorsichtig einrollen und so auf ein Holzbrett legen. Auf dem Pizzastein rollen Sie den Teig dann wieder aus, bestreichen ihn mit Sauce und belegen ihn nach Wunsch. Sie können sich auch eine große Pizzaschaufel zulegen oder den Teig auf Backpapier ausrollen und ihn damit auf den Pizzastein schieben.

Rustikaler Pizzafladen

FÜR DEN TEIG
500 g helles Weizenmehl
(am besten Farina Typ 00)
250 ml lauwarmes Wasser
42 g frische Hefe
3 EL Olivenöl
1 EL Meersalz
1 EL Gerstenmalz
(ersatzweise Zucker)

FÜR DIE TOMATENSAUCE
400 g geschälte & gehackte
Tomaten aus der Dose
1 Zwiebel
2 Knoblauchzehen
3 EL Olivenöl
2 EL Oregano
1 EL Thymian
1 EL Tomatenmark
2 TL Zucker
Salz und Pfeffer aus der Mühle

FÜR DEN BELAG
1 in feine Streifen geschnittene
rote Zwiebel
10 in Scheiben geschnittene
Kirschtomaten
5 klein geschnittene
eingelegte Peperoni
Oregano
Thymian

Für die Sauce Zwiebel und Knoblauch fein hacken. Olivenöl in einem Topf erhitzen. Zwiebeln und Knoblauch darin anbraten. Tomaten dazugeben und unter ständigem Rühren auf kleiner Flamme köcheln lassen. Tomatenmark, Zucker, Oregano und Thymian dazugeben. Mit Salz und Pfeffer abschmecken.

Für den Teig Gerstenmalz in Wasser auflösen, Hefe hineinbröseln und auflösen lassen. Mehl mit Salz vermengen und mit der Hefe-Wasser-Mischung und Olivenöl in der Küchenmaschine zu einem glatten Teig verarbeiten. Teig so lange kneten, bis er geschmeidig ist und sich von der Schüssel löst. In eine mit Mehl ausgestaubte Schüssel legen, mit einem feuchten Geschirrtuch oder Frischhaltefolie zudecken und an einem warmen Ort ca. 40 Minuten gehen lassen. Dann in 4 gleich große Stücke teilen und jeden Teigling nochmals durchkneten. Die Teiglinge auf ein bemehltes Geschirrtuch legen und weitere 30 Minuten gehen lassen.

Teiglinge rund ausrollen und dünn mit Tomatensauce bestreichen. Mit roten Zwiebeln, Kirschtomaten, und Peperoni belegen und mit etwas Oregano und Thymian bestreuen. Pizzen auf den Pizzastein heben und schön knusprig backen. Pizzen können offen auf dem Pizzastein im Schwenkgrill oder im Kugelgrill bei ca. 200 °C in ca. 10–15 Minuten gebacken werden.

**ZUBEREITUNGSZEIT: CA. 25 MIN. TEIGRUHE: CA. 70 MIN.
GRILLZEIT: 10–15 MIN.**

Sauerkraut-Kartoffel-Bratlinge
mit Kürbis-Apfel-Chutney

FÜR DIE BRATLINGE
500 g mehligkochende Kartoffeln
150 g Sauerkraut
150 ml Apfelsaft
50 g Räuchertofu
50 g Zwiebel
30 g Kartoffelstärke
2 EL Rapsöl
1 Lorbeerblatt
2 Wacholderbeeren
½ TL gemahlener Kümmel
Salz und Pfeffer aus der Mühle

FÜR DAS CHUTNEY
300 g Hokkaido
100 ml Apfelsaft
50 g Zwiebel
50 g Apfelwürfel
2 – 3 EL Wasser
2 EL Apfelessig
1 EL brauner Zucker
1 Knoblauchzehe
½ TL frisch geriebener Ingwer
¼ TL Senfpulver
¼ TL gemahlener Kreuzkümmel
¼ Chilischote
Salz und Pfeffer aus der Mühle

AUSSERDEM
6 Knoblauchzehen

ZUBEREITUNGSZEIT: CA. 40 MIN.
ZIEHZEIT: CA. 12 STUNDEN
GRILLZEIT: CA. 10 MIN.

ZUBEREITUNG DES CHUTNEYS

Kürbis schälen und in ca. 5 mm große Würfel schneiden. Apfel schälen und in ca. 5 mm große Würfel schneiden. Senfpulver im Wasser glatt rühren. Zwiebel und Knoblauch fein hacken. Kerne der Chilischote entfernen und Chili fein hacken. Zucker mit Zwiebeln und Äpfeln in einem kleinen Topf karamellisieren lassen, dann mit Apfelsaft ablöschen. Ingwer, Chili, Kreuzkümmel und Senf-Wasser-Mischung dazugeben und alles ca. 20 Minuten auf kleiner Flamme köcheln lassen. Mit Salz und Pfeffer abschmecken und den Apfelessig unterrühren. Chutney in ein verschließbares Glas abfüllen und am besten über Nacht ziehen lassen.

ZUBEREITUNG DER BRATLINGE

Kartoffeln vierteln, weich kochen, abgießen und etwas ausdampfen lassen. Noch warm durch ein Sieb oder eine Flotte Lotte passieren. Sauerkraut etwas hacken. Räuchertofu in kleine Würfel schneiden. Zwiebel in sehr kleine Würfel schneiden. Eine Pfanne erhitzen und Zwiebeln in Rapsöl anbraten. Räuchertofu dazugeben und kurz mitbraten. Sauerkraut dazugeben und mit Apfelsaft auffüllen. Lorbeerblatt, Wacholderbeeren, Kümmel, Salz und etwas Pfeffer dazugeben und alles bei mittlerer Hitze ca. 15 Minuten köcheln lassen. Eventuell etwas Wasser dazugeben, zum Ende der Garzeit sollte die Flüssigkeit jedoch vollständig verdampft sein. Alles etwas abkühlen lassen und dann Sauerkrautmischung, Kartoffeln und Stärke rasch zu einem Teig kneten und ca. 8 – 10 cm große Bratlinge formen. Diese auf der Grillrostplatte von 2 Seiten bei mittlerer Hitze ca. 3 Minuten grillen.

Die Knoblauchzehen auf dem Grillrost oder auf der Platte ca. 5 Minuten mitgrillen und mit den Sauerkraut-Kartoffel-Bratlingen servieren. Ein Schälchen Chutney dazustellen.

Tipp: Die Kräuter sollten Sie immer erst kurz vor der Verwendung hacken, denn die ätherischen Öle sind sehr flüchtig.

Schalotten-Chili-Spieße
mit Kichererbsensalat

FÜR DIE SPIESSE
250 ml Apfelsaft
100 ml Wasser
16 Bananenschalotten
6 mittelscharfe Chilischoten
2 EL Balsamicoessig
1 EL Apfelsüße
2 Lorbeerblätter
3 Wacholderbeeren
8 schwarze Pfefferkörner
Salz und Pfeffer aus der Mühle

FÜR DEN SALAT
600 g gekochte Kichererbsen
100 g rote Zwiebeln
1 rote Paprika
1 Bund Petersilie
½ Bund Koriander
6 EL Olivenöl
Saft von 2 Zitronen
1 TL brauner Zucker
½ TL frisch geriebener Ingwer
½ TL gemahlener Kreuzkümmel
½ TL Zimt
1 Msp. Cayennepfeffer
Salz

AUSSERDEM
4 kleine Bambusspieße
4 EL Kräuterbutter (siehe S. 212)
4 EL Rapsöl zum Bestreichen

ZUBEREITUNG DER SPIESSE
Apfelsaft mit Wasser, Balsamicoessig, Apfelsüße, Lorbeerblättern, Wacholderbeeren, Pfefferkörnern und etwas Salz in einem Topf zum Kochen bringen. Schalotten auf kleiner Flamme ca. 10 Minuten im Sud köcheln lassen. Danach aus dem Sud heben und abkühlen lassen. Chilischoten der Länge nach halbieren. Schalotten und Chili abwechselnd auf kleine Bambusspieße stecken und mit etwas Rapsöl bepinseln. Mit Salz und Pfeffer bestreuen. Die Spieße am besten auf einer gusseisernen Platte auf dem Grill bei mittlerer Hitze auf 2 Seiten ca. 2–3 Minuten grillen.

ZUBEREITUNG DES SALATS
Zwiebeln fein schneiden. Paprika halbieren, Kerngehäuse entfernen und Paprika ebenfalls in feine Würfel schneiden. Kichererbsen in eine Schüssel geben und mit Paprika, Zwiebeln, Olivenöl und Zitronensaft vermengen. Mit Cayennepfeffer, Zucker, Ingwer, Kreuzkümmel, Zimt und Salz würzen. Kräuter erst kurz vor dem Servieren hacken und unter den Salat mischen.

Die Schalotten-Chili-Spieße auf Holzbrettern anrichten und mit Kichererbsensalat und etwas Kräuterbutter servieren.

ZUBEREITUNGSZEIT: CA. 35 MIN. GRILLZEIT: CA. 5 MIN.

Tipp: Diese Tartes sind wunderbar einfach. Servieren Sie dazu eine Kugel Zitronen- oder Vanilleeis mit etwas Kokossahne.

Schnelle Birnentarte

2 Packungen Blätterteig
100 g zerlassene vegane Margarine
2 Birnen
Saft ½ Zitrone
3 EL brauner Zucker

Einen Blätterteig dünn mit Margarine bestreichen. Den zweiten Blätterteig darauflegen und alles in 6 gleich große Quadrate schneiden. Birnen schälen, vierteln, Kerngehäuse entfernen und Birnen in dünne Scheiben schneiden. Dann in eine Schüssel geben, mit Zitronensaft beträufeln und mit Zucker vermengen. Birnen auf den Blätterteigstücken verteilen. Ränder des Blätterteigs leicht hochziehen und umbiegen, sodass ein etwas dickerer Rand entsteht. Birnentartes im geschlossenen Kugelgrill auf einer gusseisernen Platte bei wenig Hitze ca. 20 Minuten backen.

ZUBEREITUNGSZEIT: CA. 20 MIN. GRILLZEIT: CA. 20 MIN.

Schwarze-Bohnen-Frikadellen
mit Mangosalat

FÜR DIE FRIKADELLEN
400 g gekochte schwarze Bohnen
100 g gekochter Bulgur
100 g fein gehackte Champignons
60 g fein gehackte Zwiebel
4 EL Soja Cuisine
2 EL gehackte Petersilie
2 EL Rapsöl
1 EL Senf
1 fein gehackte Knoblauchzehe
1 TL Tomatenmark
1 TL gemahlene Koriandersamen
1 TL gemahlener Kreuzkümmel
Salz und Pfeffer aus der Mühle

FÜR DEN MANGOSALAT
2 Mangos
6 EL Olivenöl
4 EL Limettensaft
4 EL Wasser
½ Bund Dill
1 Chilischote
1 Prise brauner Zucker
Salz

FÜR DIE SAUCE
150 g Ketchup (siehe S. 219)
60 g fein gehackte Zwiebel
1 EL Apfelsüße
1 TL Currypulver

ZUBEREITUNG DER SAUCE
Ketchup mit Apfelsüße und Currypulver glatt rühren und die Zwiebeln unterrühren. Die Sauce ca. 1 Stunde ziehen lassen.

ZUBEREITUNG DER FRIKADELLEN
Rapsöl in eine erhitzte Pfanne geben. Champignons, Zwiebeln und Knoblauch darin anbraten. Zwiebel-Champignon-Gemisch mit Bohnen, Bulgur, Soja Cuisine, Gewürzen, Petersilie, Tomatenmark und Senf in eine Schüssel geben. Alles mit einem Stabmixer pürieren und mit Salz und Pfeffer abschmecken. Mit feuchten Händen aus der Masse Frikadellen formen. Sollte die Masse zu feucht sein, etwas Semmelbrösel unterheben. Die Frikadellen auf der Grillrostplatte bei mittlerer direkter Hitze auf beiden Seiten ca. 4 Minuten grillen.

ZUBEREITUNG DES SALATS
Dill hacken. Chilischote in feine Ringe schneiden. Mangos schälen, das Fruchtfleisch vom Kern schneiden und in dünne Streifen schneiden. Das am Kern verbliebene Fruchtfleisch herunterschaben und in einen Mixbecher füllen. Limettensaft, Wasser, Zucker und etwas Salz dazugeben und alles mit einem Stabmixer aufmixen. Danach das Olivenöl einarbeiten. Marinade mit Chili und Dill zu den Mangostreifen geben und unterrühren.

Die Frikadellen mit dem Mangosalat auf Tellern anrichten und mit der Sauce garnieren.

ZUBEREITUNGSZEIT: CA. 30 MIN.
ZIEHZEIT: CA. 60 MIN. **GRILLZEIT:** CA. 8 MIN.

Schwarzwurzeln
auf Linsensalat mit feuriger Sauce

FÜR DIE SCHWARZWURZELN
1 kg Schwarzwurzeln
Saft 1 Zitrone
1 Prise brauner Zucker
Salz

FÜR DIE MARINADE
6 EL Rapsöl
3 EL Apfelessig
30 g gemahlene Walnüsse
2 EL Orangenmarmelade
4 Zitronenscheiben
1 TL frisch geriebener Ingwer
1 TL Salz
1 TL grüne Pfefferkörner in Salzlake
1 Lorbeerblatt

FÜR DEN LINSENSALAT
200 g Belugalinsen
60 g fein gehackte Schalotten
1 Karotte
½ rote Paprika
2 EL Tomatenessig
2 EL Olivenöl
1 fein gehackte Knoblauchzehe
½ fein gehackte Chilischote
½ TL frisch geriebener Ingwer
½ TL gemahlener Kreuzkümmel
Salz und Pfeffer aus der Mühle

AUSSERDEM
100 g Pflücksalat
2 in Spalten geschnittene Limetten
4 EL feurige Sauce (siehe S. 218 f.)

ZUBEREITUNGSZEIT: CA. 40 MIN.
MARINIERZEIT: CA. 2 STUNDEN
GRILLZEIT: CA. 6 MIN.

ZUBEREITUNG DER SCHWARZWURZELN
Schwarzwurzeln unter fließendem Wasser gründlich bürsten. Enden abschneiden und die Schwarzwurzeln mit einem Sparschäler schälen, dabei am besten Einweghandschuhe anziehen. In einem großen Topf Wasser mit Salz, Zitronensaft und Zucker zum Kochen bringen. Schwarzwurzeln darin ca. 10–15 Minuten kochen, aber nicht zu weich werden lassen. 6 EL Kochfond beiseitestellen. Für die Marinade Walnüsse, Ingwer, Orangenmarmelade, Kochfond, Apfelessig, Rapsöl und Salz mit dem Stabmixer vermischen. Schwarzwurzeln in ein passendes Gefäß legen und die Marinade darüber verteilen. Zitronenscheiben, Lorbeerblatt und Pfefferkörner unterrühren und die Schwarzwurzeln mindestens 2 Stunden ziehen lassen. Danach aus der Marinade heben und gut abtropfen lassen. Die Schwarzwurzeln auf dem Rost bei mittlerer direkter Hitze auf 2 Seiten ca. 3 Minuten grillen.

ZUBEREITUNG DES SALATS
Karotte schälen und in ca. 4–5 mm große Würfel schneiden. Paprika ebenfalls in kleine Würfel schneiden. Ca. 2 Liter Wasser in einem Topf zum Kochen bringen und die Linsen darin einmal kräftig aufkochen. Dann die Hitze reduzieren und die Linsen auf kleiner Flamme ca. 15 Minuten köcheln lassen. Karotten dazugeben und alles weitere 5 Minuten ziehen lassen. Die Linsen sollten weich sein, aber nicht zerfallen. Vom Linsensud 3 EL beiseitestellen. Linsen abgießen und in eine Schüssel geben. Paprika, Schalotten, Knoblauch, Linsensud, Tomatenessig, Ingwer, Chili, Kreuzkümmel, Salz und Pfeffer dazugeben und durchmischen. Olivenöl darübergeben und alles gut vermengen.

Den Pflücksalat auf Tellern anrichten. Linsensalat darauf verteilen. Die Schwarzwurzeln darauf platzieren und mit etwas feuriger Sauce überziehen. Mit Limettenspalten garnieren.

Grill / draußen kochen – einfach vegan

Seitanröllchen
auf Pusztakrautsalat und Senfragout

FÜR DIE SEITANRÖLLCHEN
250 g Glutenpulver
270 ml Wasser
100 g Räuchertofu
100 ml Sojasauce
2 Knoblauchzehen
Saft ½ Zitrone
1 EL Tomatenmark
1 TL Majoran
1 TL edelsüßes Paprikapulver
½ TL gemahlener Kümmel
½ TL Thymian
Salz
Cayennepfeffer

FÜR DEN KOCHFOND
2 l Wasser
100 ml Sojasauce
1 Zwiebel
3 Knoblauchzehen
2 Lorbeerblätter
3 Wacholderbeeren
½ TL schwarze Pfefferkörner

ZUBEREITUNG DER RÖLLCHEN
Knoblauch fein hacken. Tofu, Knoblauch, Tomatenmark, Paprikapulver, Majoran, Thymian, Kümmel, Salz und Cayennepfeffer in der Küchenmaschine verarbeiten. Glutenpulver, Zitronensaft, Sojasauce und Wasser dazugeben und weiterrühren lassen, bis ein glatter Teig entsteht. Diesen mit den Händen nochmals kräftig kneten und in ca. 10 cm lange und 3 cm breite Röllchen formen. Für den Kochfond Zwiebel in ca. 3 cm große Würfel schneiden. Knoblauch mit Wasser, Sojasauce, Lorbeerblättern, Wacholderbeeren, Pfefferkörnern und etwas Salz zum Kochen bringen. Seitanröllchen darin ca. 25 Minuten auf kleiner Flamme köcheln lassen. Danach aus dem Wasser nehmen und auskühlen lassen. Seitanröllchen rundherum dünn mit Öl bestreichen und auf dem Grillrost bei mittlerer Hitze unter gelegentlichem Wenden ca. 5 Minuten grillen.

→ ZUBEREITUNG DES PUSZTAKRAUT-SALATS UND DES SENFRAGOUTS

Grill / draußen kochen – einfach vegan

ZUBEREITUNG DES PUSZTAKRAUT-SALATS UND DES SENFRAGOUTS

an Pusztakrautsalat

FÜR DEN KRAUTSALAT
600 g Weißkohl
100 g Essiggurken
1 rote Paprika
50 ml Rapsöl
50 ml Apfelessig
1 TL Kümmel
½ TL edelsüßes Paprikapulver
Salz und Pfeffer aus der Mühle

ZUBEREITUNG DES KRAUTSALATS
Strunk und äußere Blätter des Weißkohls entfernen und den Kohl in feine Streifen schneiden. Mit Salz und Kümmel vermengen und kräftig durchkneten. Paprika halbieren, Kerngehäuse entfernen und Paprika in feine Streifen schneiden. Essiggurken ebenfalls in feine Streifen schneiden. Paprika und Essiggurken, Paprikapulver, Apfelessig und Rapsöl unter den Kohl mengen, mit Salz und Pfeffer abschmecken und ca. 30 Minuten ziehen lassen.

Seitanröllchen
auf Pusztakrautsalat und Senfragout

Seitanröllchen auf Pusztakrautsalat und Senfragout

AUSSERDEM
4 EL Senfragout (siehe S. 220)
3 EL Öl zum Grillen
1 in Ringe geschnittene
rote Zwiebel

Pusztakrautsalat auf Tellern anrichten. Seitanröllchen dazulegen und mit einigen roten Zwiebelringen und je 1 EL Senfragout garnieren.

ZUBEREITUNGSZEIT: CA. 50 MIN.
MARINIERZEIT: CA. 30 MIN. **GRILLZEIT:** CA. 5 MIN.

Grill / draußen kochen – einfach vegan

Tipp: Ich bin ein großer Fan der indischen Küche. Daher verwende ich die Tandoori-Mischung auch gern für Gemüsespieße. Sie werden dann besonders würzig. Wer es etwas schärfer mag, verdoppelt einfach die Menge an Chili und verzichtet dafür auf Kurkuma.

Seitan-Tandoori-Spieße

FÜR DIE SPIESSE
600 g Seitanschnitzel
Saft 1 Limette
3 EL Sojajoghurt
2 EL gemahlener Kreuzkümmel
2 EL gemahlene Koriandersamen
1 EL frisch geriebener Ingwer
1 gepresste Knoblauchzehe
1 TL gemahlene Bockshornkleesamen
½ TL Chilipulver
½ TL Kurkuma
¼ TL Pfeffer aus der Mühle
¼ TL Salz

FÜR DIE ZWIEBELN
2 rote Zwiebeln
Saft ½ Zitrone
Salz

AUSSERDEM
6–8 Bambusspieße
(ca. 20 cm Länge)
etwas Kresse

Für die Marinade in einer Schüssel Joghurt mit Limettensaft, Knoblauch, Kreuzkümmel, Koriander, Ingwer, Bockshornklee, Chili, Kurkuma, Salz und Pfeffer vermischen. Die Tandoori-Mischung mindestens 1 Tag im Kühlschrank ziehen lassen. Seitanschnitzel in ca. 2–3 cm breite Streifen schneiden. Diese auf Bambusspieße stecken und mit der Tandoori-Mischung bestreichen. Spieße ca. 1 Stunde marinieren lassen, dann überschüssige Marinade abstreifen und die Spieße von 2 Seiten bei mittlerer Hitze auf dem Grillrost ca. 5 Minuten grillen. Zwiebeln in feine Ringe schneiden, mit Zitronensaft beträufeln und leicht salzen. Die Tandoori-Spieße auf Holzbrettchen anrichten, mit Zwiebeln garnieren und mit Kresse bestreuen.

ZUBEREITUNGSZEIT: CA. 30 MIN. ZIEHZEIT DER MARINADE: CA. 1 TAG MARINIERZEIT: CA. 1 STUNDE GRILLZEIT: CA. 10 MIN.

Tipp: Sie können das Wurzelgemüse auch in kleine Päckchen aus Alufolie einschlagen und diese für 5 Minuten auf den Grill legen. Dann servieren Sie das Wurzelgemüse lauwarm zum Selleriesteak.

Selleriesteaks
mit mariniertem Wurzelgemüse und Sesambutter

FÜR DIE STEAKS
700 g Knollensellerie
2 Zitronen
5 EL Olivenöl
3 EL Sesam
1 EL Sojasauce
1 EL Apfelsüße
½ fein gehackte Chilischote
Salz und Pfeffer aus der Mühle

FÜR DAS WURZELGEMÜSE
400 g Karotten
200 g Petersilienwurzel
6 EL Haselnussöl
4 EL Zitronensaft
2 EL Apfelsüße
½ fein gehackte Chilischote
Salz und Pfeffer aus der Mühle

FÜR DIE SESAMBUTTER
250 g zimmerwarme vegane Margarine
3 EL Sesam
1 Frühlingszwiebel
1 EL Apfelsüße
1 TL Zitronensaft
¼ fein gehackte Chilischote
Salz und weißer Pfeffer aus der Mühle

AUSSERDEM
Spritzbeutel mit Sterntülle

ZUBEREITUNG DER STEAKS
Sellerie in ca. 1,5 cm dicke Scheiben schneiden. In einem Topf reichlich Salzwasser mit dem Saft einer Zitrone zum Kochen bringen. Selleriescheiben ca. 5 Minuten darin köcheln lassen. Anschließend in kaltem Wasser abschrecken. Schale der zweiten Zitrone abreiben, Zitrone halbieren und den Saft auspressen. Sesam ohne Zugabe von Fett in einer Pfanne goldgelb anrösten. Zitronensaft, Zitronenschale, Olivenöl, Sojasauce, Apfelsüße, Sesam, Chili, Salz und Pfeffer verrühren. Sellerie mindestens 45 Minuten darin marinieren. Selleriesteaks bei direkter mittlerer Hitze auf beiden Seiten ca. 5 Minuten grillen.

ZUBEREITUNG DES WURZELGEMÜSES
Karotten und Petersilienwurzel mit einem Gemüseschäler oder -hobel in feine Streifen hobeln. Frühlingszwiebel in feine Ringe schneiden. Zitronensaft, Haselnussöl, Apfelsüße, Chili, Salz, und Pfeffer verrühren und mit Wurzelgemüse und Frühlingszwiebeln vermengen.

ZUBEREITUNG DER BUTTER
Margarine mit einem Handrührgerät schaumig rühren. Sesam, Zitronensaft, Apfelsüße, Chili, Salz und Pfeffer unterrühren. Margarine in einen Spritzbeutel mit Sterntülle füllen und auf einem mit Backpapier belegten Tablett Rosetten formen. Sesambutter kalt stellen.

Die Selleriesteaks auf Tellern anrichten. Mariniertes Wurzelgemüse und je eine Rosette Sesambutter dazugeben und gleich servieren.

ZUBEREITUNGSZEIT: CA. 50 MIN.
MARINIERZEIT: CA. 45 MIN. GRILLZEIT: CA. 10 MIN.

Tipp:
Bei diesem Rezept wird der Spargel nicht vorgegart. Ich mag es sehr gern, wenn der Spargel noch knackig ist. Das setzt allerdings eine sehr gute Qualität voraus. Sie können den Spargel auch etwas vorgaren und anschließend grillen. Oder Sie schlagen ihn mit etwas veganer Margarine, Zitronensaft und einigen Kräutern in Alufolie ein und garen ihn dann ca. 15 Minuten auf dem Grill. Anschließend legen Sie ihn noch kurz auf den Grillrost.

Spargel
mit Rucoladressing

FÜR DEN SPARGEL
1 kg weiße Spargelstangen
5 EL Olivenöl
3 EL Zitronensaft
Salz und Pfeffer aus
der Mühle

FÜR DAS DRESSING
1 Avocado
4 EL Sojajoghurt
4 EL Olivenöl
20 g Rucola
2 EL Zitronensaft
1 Msp. Cayennepfeffer
Salz und Pfeffer aus
der Mühle

AUSSERDEM
60 g Rucola zum Anrichten

ZUBEREITUNG DES SPARGELS
Spargel schälen und die Enden entfernen. Zitronensaft, Olivenöl, Salz und Pfeffer vermengen. Den Spargel damit beträufeln und ca. 10 Minuten ziehen lassen. Dann bei geringer Hitze auf 2 Seiten ca. 6 Minuten garen.

ZUBEREITUNG DES DRESSINGS
Avocado halbieren, Kern entfernen und Fruchtfleisch mit einem Löffel herausschaben. Mit Rucola, Sojajoghurt, Zitronensaft, Salz und beiden Pfeffersorten in einen Mixbecher geben und mit einem Stabmixer fein pürieren. Das Olivenöl dabei einlaufen lassen. Sollte das Dressing zu fest werden, etwas Wasser hinzufügen. Eventuell mit etwas Salz und Pfeffer nachwürzen.

Den gegrillten Spargel auf dem Rucola anrichten und mit etwas Dressing überziehen.

**ZUBEREITUNGSZEIT: CA. 30 MIN. ZIEHZEIT: CA. 10 MIN.
GRILLZEIT: CA. 12 MIN.**

Tipp: Ein Sojajoghurt-Kräuterdip, z. B. siehe S. 219, passt hervorragend dazu.

Spitzpaprika
mit Kartoffelfüllung auf Spinatsalat

FÜR DIE SPITZPAPRIKA
8 rote Spitzpaprika
300 g mehligkochende Kartoffeln
60 g fein gehackte Zwiebel
10 g vegane Margarine
1 EL gehackte Petersilie
1 fein gehackte Knoblauchzehe
1 TL gemahlener Kreuzkümmel
1 Msp. Zimt
Salz und Pfeffer aus
der Mühle

FÜR DEN SPINATSALAT
500 g Spinat
200 ml Sonnenblumenöl
100 ml weißer Balsamicoessig
100 ml Apfelessig
80 g rote Zwiebel
2 EL Sesam
1 TL brauner Zucker
½ TL Paprikapulver
Salz und weißer Pfeffer aus
der Mühle

AUSSERDEM
1 in Spalten geschnittene
Zitrone
3 EL Sonnenblumenöl
zum Bestreichen

ZUBEREITUNG DES SALATS
Den Spinat gründlich waschen und sehr gut abtropfen lassen. Zwiebel halbieren und in Streifen schneiden. Balsamico- und Apfelessig vermischen. Salz, Zucker, Paprikapulver und Pfeffer dazugeben und so lange rühren, bis sich Salz und Zucker aufgelöst haben. Dann das Sonnenblumenöl mit einem Schneebesen kräftig einrühren. Sesam in einer Pfanne trocken rösten und mit der Marinade unter den Spinat rühren.

ZUBEREITUNG DER SPITZPAPRIKA
Kartoffeln würfeln und in Salzwasser weich kochen. Wasser abgießen und Kartoffeln ausdampfen lassen. Margarine in einer Pfanne schmelzen lassen und Zwiebeln darin anschwitzen. Knoblauch, Kreuzkümmel und Zimt dazugeben. Kartoffeln mit einem Kartoffelstampfer oder einer Gabel gut zerdrücken, zu den Zwiebeln geben und kurz mitbraten. Alles mit Salz und Pfeffer abschmecken. Dann die Petersilie unterrühren. Die oberen Enden der Spitzpaprika abschneiden, Kerngehäuse entfernen und Paprika mit dem Kartoffelpüree füllen. Spitzpaprika rundherum dünn mit Sonnenblumenöl bestreichen, leicht salzen und auf dem Rost von allen Seiten so lange grillen, bis die Paprika schön weich sind.

Den Spinatsalat auf Teller geben. Die gefüllten Spitzpaprika auf dem Salat anrichten und mit Zitronenspalten servieren.

ZUBEREITUNGSZEIT: CA. 40 MIN. **GRILLZEIT:** CA. 10 MIN.

Steckrübenscheiben
mit Orangen-Wirsing-Salat

FÜR DIE GEGRILLTE STECKRÜBE
700 g Steckrübe
1 Zitrone
5 EL Walnussöl
1 EL fein gehackte Petersilie
1 Knoblauchzehe
½ fein gehackte Chilischote
1 Prise Muskatnuss
Salz und weißer Pfeffer aus der Mühle

FÜR DEN SALAT
1 kleiner Wirsingkopf (ca. 500 g)
3 Orangen
2 Schalotten
1 Karotte
4 EL Rapsöl
4 EL Walnussöl
1 EL Apfelessig
1 Prise brauner Zucker
Salz

AUSSERDEM
Fleur de Sel

ZUBEREITUNGSZEIT: CA. 25 MIN.
MARINIERZEIT: CA. 45 MIN.
GRILLZEIT: CA. 6 MIN.

ZUBEREITUNG DER STECKRÜBE
Steckrübe in ca. 1 cm dicke Scheiben schneiden. Leicht gesalzenes Wasser in einem Topf zum Kochen bringen. Steckrübenscheiben darin ca. 5 Minuten köcheln lassen. Danach aus dem Wasser heben und in kaltem Wasser abschrecken. Zitronenschale abreiben. Zitrone halbieren und auspressen. Knoblauchzehe andrücken. Für die Marinade Walnussöl mit Zitronenschale, 2 EL Zitronensaft, Petersilie, Knoblauch, Chili, Salz, Pfeffer und Muskatnuss verrühren. Die Steckrübenscheiben in eine kleine Auflaufform legen, mit der Marinade bestreichen, mit Frischhaltefolie abdecken und mindestens 45 Minuten ziehen lassen. Danach aus der Marinade heben und etwas abtropfen lassen. Steckrübenscheiben bei mittlerer Hitze auf beiden Seiten ca. 3 Minuten grillen. Danach noch einmal mit etwas Marinade zart einpinseln.

ZUBEREITUNG DES SALATS
Wirsing halbieren und Strunk entfernen. Wirsingblätter in ca. 5 mm breite Streifen schneiden und in reichlich kochendem Salzwasser ca. 5 Minuten köcheln lassen. Mit reichlich kaltem Wasser abschrecken, gut abtropfen lassen und in eine Schüssel geben. Orangen filetieren und die Orangenreste auspressen. Karotte schälen und in feine Streifen schneiden. Schalotten ebenfalls in feine Streifen schneiden. Orangensaft, Salz, Zucker, Apfelessig, Raps- und Walnussöl kräftig miteinander verrühren. Dressing zum Wirsing geben und kräftig durchkneten. Orangenfilets, Karotten- und Schalottenstreifen vorsichtig unterheben und den Salat ca. 30 Minuten ziehen lassen.

Die gegrillten Steckrüben mit etwas Fleur de Sel bestreuen und auf Holzbrettern anrichten. Mit dem Orangen-Wirsing-Salat garnieren.

Steinpilze
an Blattsalaten mit Himbeerdressing

FÜR DIE STEINPILZE
400 g kleine Steinpilze
4 EL Olivenöl
2 EL Zitronensaft
Salz und Pfeffer aus der Mühle

FÜR DAS DRESSING
100 g Himbeeren
5 EL Rapsöl
3 EL Apfelessig
3 EL Wasser
1 Schalotte
½ TL Senf
½ TL brauner Zucker
Salz und Pfeffer aus der Mühle

AUSSERDEM
100 g gemischte Blattsalate
8 geviertelte Kirschtomaten
1 in feine Ringe geschnittene rote Zwiebel
4 Mischbrotscheiben
4 EL zimmerwarme Knoblauchbutter (siehe S. 211)
1 in Spalten geschnittene Zitrone
1 EL Pul Biber
(türkische Paprikaflocken)

ZUBEREITUNG DER STEINPILZE
Pilze putzen, halbieren und in eine Schüssel legen. Vorsichtig mit Olivenöl, Zitronensaft, Salz und Pfeffer marinieren und ca. 10 Minuten ziehen lassen. Steinpilze anschließend bei mittlerer direkter Hitze auf beiden Seiten ca. 3–4 Minuten grillen. Brotscheiben dünn mit Knoblauchbutter bestreichen und auf beiden Seiten auf dem Grillrost kurz grillen, bis sie schön knusprig sind.

ZUBEREITUNG DES DRESSINGS
Schalotte grob hacken. Himbeeren und Schalotten mit einem Stabmixer pürieren und durch ein Sieb streichen. Himbeermark mit Wasser, Apfelessig, Rapsöl, Zucker, Senf, Salz und Pfeffer mit dem Stabmixer noch einmal aufmixen.

Die Blattsalate mit dem Himbeerdressing marinieren und in tiefen Tellern anrichten. Die gegrillten Steinpilze darauflegen. Ein paar Zwiebelringe und Tomatenspalten auf dem Salat anrichten, mit etwas Pul Biber bestreuen und alles mit dem getoasteten Brot und Zitronenspalten servieren.

ZUBEREITUNGSZEIT: CA. 20 MIN. GRILLZEIT: CA. 10 MIN.

Grill / draußen kochen – einfach vegan

Tipp: Die Süßkartoffeln lassen sich auch im Ofen vorgaren. Wenn Ihre Gäste kommen, grillen Sie die Süßkartoffeln auf dem Grill nur noch fertig.

Süßkartoffeln
mit Knoblauchgurken

FÜR DIE SÜSSKARTOFFELN
2 Süßkartoffeln
3 EL Olivenöl
Salz und Pfeffer aus
der Mühle

FÜR DIE KNOBLAUCHGURKEN
500 g Snackgurken
4 EL Reisessig
2 EL Rapsöl
3 Knoblauchzehen
1 Bund Dill
1 TL frisch geriebener Ingwer
1 TL Zucker
Salz und weißer Pfeffer
aus der Mühle

FÜR DEN DIP
600 g Sojajoghurt
2 Essiggurken
2 Schalotten
Saft ½ Zitrone
1 TL edelsüßes Paprikapulver
½ TL gemahlener Kümmel
Salz und Pfeffer aus
der Mühle

AUSSERDEM
2 Stück Alufolie
(ca. 30 x 30 cm)

ZUBEREITUNG DER SÜSSKARTOFFELN
Süßkartoffeln waschen und in eine Schüssel geben. Olivenöl, Salz und Pfeffer dazugeben und alles gut durchmischen. Süßkartoffeln in Alufolie einschlagen und im Kugelgrill bei ca. 180 °C ca. 30 Minuten backen. Süßkartoffeln halbieren und von beiden Seiten auf dem Grillrost bei mittlerer Hitze ca. 4–5 Minuten grillen.

ZUBEREITUNG DES DIPS
Sojajoghurt in ein mit einem Geschirrtuch ausgeschlagenes Sieb füllen, in eine Schüssel hängen, mit Frischhaltefolie abdecken und am besten im Kühlschrank über Nacht abtropfen lassen. Schalotten fein würfeln. Essiggurken schälen und fein würfeln. Schalotten, Essiggurken, Paprikapulver und Kümmel unter den Sojajoghurt rühren. Mit Zitronensaft, Salz und Pfeffer abschmecken.

ZUBEREITUNG DER GURKEN
Kleine Gurken waschen und halbieren. Knoblauch in feine Streifen schneiden. Dill fein hacken. Gurken salzen, ca. 10 Minuten ziehen lassen und Gurkenwasser abgießen. Zucker in Reisessig auflösen. Reisessig, Rapsöl, Knoblauch, Dill und Ingwer zu den Gurken geben und alles gut durchmischen. Mit Salz und Pfeffer abschmecken.

Die Knoblauchgurken mit den gegrillten Süßkartoffeln auf Tellern anrichten und jeweils mit einem Löffel Dip servieren.

VORBEREITUNGSZEIT: CA. 30 MIN.
MARINIERZEIT: CA. 12 MIN. GRILLZEIT: CA. 40 MIN.

Tofuecken
mit Gurkensalat

FÜR DIE TOFUECKEN
400 g Tofu
6 EL Sesam
4 EL helle Sojasauce
4 EL Zitronensaft
2 EL Apfelsüße
1 TL Currypulver

FÜR DEN SALAT
2 Gurken
5 EL Olivenöl
1 rote Zwiebel
1 rote Spitzpaprika
3 EL Wasser
3 EL Apfelessig
½ Bund Koriander
1 TL Senfkörner
1 Prise brauner Zucker
Salz und Pfeffer aus der Mühle

ZUBEREITUNG DES TOFUS
Tofu in ca. 1 cm dicke Scheiben schneiden und anschließend in Dreiecke teilen. Sojasauce, Zitronensaft, Apfelsüße, Currypulver und Sesam anrühren. Tofuecken in eine Schüssel legen, mit der Marinade übergießen, bedecken und über Nacht im Kühlschrank ziehen lassen. Aus der Marinade heben und etwas abtropfen lassen. Tofu auf dem Grillrost bei mittlerer Hitze auf 2 Seiten ca. 4 Minuten grillen.

ZUBEREITUNG DES SALATS
Gurken in ca. 5 mm dicke Scheiben schneiden. Diese in eine Schüssel geben, leicht salzen und ca. 20 Minuten ziehen lassen. Zwiebel in ca. 4 mm dicke Ringe schneiden. Kerngehäuse der Paprika herausschneiden und Paprika in ca. 4 mm dicke Ringe schneiden. Koriander grob hacken. Senfkörner mit Apfelessig, Wasser, Olivenöl, Zucker, Salz und etwas Pfeffer anrühren. Gurken ausdrücken und Gurkenwasser abgießen. Marinade mit Zwiebel- und Paprikaringen unter die Gurken mischen und den Salat ca. 10 Minuten ziehen lassen. Koriander dazugeben und mit Salz und Pfeffer abschmecken.

Die gegrillten Tofuecken mit dem Gurkensalat auf Tellern anrichten.

ZUBEREITUNGSZEIT: CA. 20 MIN.
MARINIERZEIT: CA. 12 STUNDEN GRILLZEIT: CA. 10 MIN.

Tipp:
Dieses Rezept hat wohl jeder in einem veganen Grillbuch erwartet. Ich habe lange überlegt, ob ich einen Tofuspieß überhaupt aufnehmen soll, aber das Rezept hat seinen Platz im Buch verdient. Tofu hat seinen schlechten Ruf wegen der meist lieblosen Zubereitung und nicht, weil das Produkt schlecht ist. Deshalb präsentiere ich Ihnen hier einen Tofuspieß à la Roland Rauter.

Tofuspieß
auf Krautsalat

FÜR DIE SPIESSE
500 g Tofu
1 grüne Paprika

FÜR DIE WÜRZPASTE
100 ml Apfelessig
30 ml Rapsöl
4 gehackte Knoblauchzehen
4 gehackte rote Chilischoten
2 EL frisch geriebener Ingwer
1 EL gemahlene Koriandersamen
1 EL gemahlener Kümmel
1 TL Kurkuma
1 TL gemahlener grüner Kardamom
1 TL gemahlener Zimt
5 gemahlene Pfefferkörner
2 gemahlene Gewürznelken

FÜR DEN SALAT
500 g Frühkohl
(April bis Juni geernteter Weißkohl)
100 ml Wasser
50 ml Rapsöl
40 ml Apfelessig
1 TL Salz
½ TL Kümmel
1 Prise brauner Zucker
Pfeffer aus der Mühle

AUSSERDEM
2 in Ringe geschnittene
rote Zwiebeln
4 Bambusspieße
(ca. 20 cm Länge)

ZUBEREITUNG DES SALATS
Weißkohl in feine Streifen schneiden. Diese mit Salz, Kümmel, Pfeffer und Zucker würzen und alles kräftig durchkneten. Wasser erhitzen und mit Essig und Rapsöl zu dem Salat geben. Alles noch einmal durchmischen und ca. 30 Minuten ziehen lassen.

ZUBEREITUNG DER SPIESSE
Für die Würzpaste alle Zutaten mit einem Stabmixer zu einer sehr feinen Paste verarbeiten. Die Paste lässt sich sofort weiterverarbeiten, besser ist es jedoch, sie über Nacht im Kühlschrank ziehen zu lassen. Tofu in ca. 4 x 2 cm große Stücke schneiden. Paprika in ebenso große Stücke schneiden. Paprika und Tofu abwechselnd auf die Spieße stecken. Mit der Würzpaste bestreichen und ca. 15 Minuten ziehen lassen. Die Spieße am besten auf der Grillrostplatte von 2 Seiten ca. 5 Minuten grillen.

Den Krautsalat auf Tellern anrichten. Die Tofuspieße darauf platzieren und mit Zwiebelringen garnieren.

ZUBEREITUNGSZEIT: CA. 30 MIN. ZIEHZEIT DER WÜRZPASTE: CA. 30 MIN. MARINIERZEIT: CA. 30 MIN. GRILLZEIT: CA. 15 MIN.

Bärlauchpesto

150 ml Olivenöl // 150 g Bärlauch // 20 g Pinienkerne // 20 g Cashewkerne // ½ Chilischote // Salz und Pfeffer aus der Mühle

Bärlauch waschen, gut abtropfen lassen und klein schneiden. Alle Zutaten in einen Mixbecher füllen und mit einem Stabmixer fein pürieren.

Walnuss-Tofu-Bratlinge
am Spieß auf Bohnensalat

FÜR DIE BRATLINGE
400 g Tofu
100 g mehligkochende Kartoffeln
80 g gemahlene Walnüsse
50 g Champignons
50 g Zwiebel
2 EL Haferflocken
2 EL Rapsöl
1 EL Sojasauce
Salz
Cayennepfeffer

FÜR DEN SALAT
100 g gekochte weiße Bohnen
100 g gekochte rote Bohnen
50 g rote Zwiebel
½ Bund Petersilie
4 EL Kürbiskernöl
2 EL Apfelessig
2 EL Wasser
Salz und Pfeffer aus
der Mühle

AUSSERDEM
1 Aubergine
4 EL Rapsöl zum Bestreichen
3 EL Rotkohlsprossen
4 Bambusspieße
(ca. 20 cm Länge)

ZUBEREITUNG DER SPIESSE
Kartoffeln vierteln und in Salzwasser kochen. Zwiebel fein hacken. Champignons sehr fein hacken. Zwiebeln und Champignons in einer Pfanne mit Rapsöl anbraten. Tofu und Kartoffeln in eine Schüssel geben und mit einer Gabel zerdrücken. Angeröstete Zwiebeln, Walnüsse, Haferflocken, Sojasauce, Salz und Cayennepfeffer zum Tofu dazugeben und alles kräftig durchkneten. Mit nassen Händen golfballgroße Kugeln formen und diese etwas flach drücken. Je 3 Bratlinge auf einen Bambusspieß stecken. Dünn mit Rapsöl bestreichen und auf dem Grillrost bei mittlerer Hitze von beiden Seiten ca. 4 Minuten grillen.

ZUBEREITUNG DES SALATS
Zwiebel fein hacken. Bohnen in eine Schüssel geben. Petersilienblätter abzupfen und mit Kürbiskernöl, Apfelessig, Wasser, Salz und Pfeffer mit dem Stabmixer aufmixen. Marinade und Zwiebeln unter die Bohnen mischen, abschmecken und ca. 1 Stunde ziehen lassen.

Aubergine in 4 Scheiben schneiden, von beiden Seiten auf dem Grill ca. 3 Minuten grillen, dann leicht salzen. Auberginenscheiben auf Tellern platzieren. Den Bohnensalat darauf anrichten und je einen Spieß darauflegen. Mit Bärlauchpesto und Sprossen garnieren.

ZUBEREITUNGSZEIT: CA. 30 MIN.
MARINIERZEIT: CA. 60 MIN. GRILLZEIT: CA. 8 MIN.

Tipp: Das Rezept kann nach Belieben mit Kräutern, Knoblauch oder Röstzwiebeln erweitert werden. Alternativ zur Zubereitung im Kugelgrill können Sie den geschlossenen Römertopf auch in den nicht vorgeheizten Backofen stellen. Nach Erreichen der 220 °C backen Sie das Brot ca. 40 Minuten lang. Danach nehmen Sie den Deckel ab und lassen das Brot weitere 10 Minuten fertig backen.

Weißbrot
aus dem Römertopf – im Kugelgrill zubereitet

400 g helles Weizenmehl
100 g Roggenmehl
320 ml lauwarmes Wasser
4 EL Olivenöl
2 EL Apfelsüße
15 g Salz
5 g Trockenhefe
½ TL Pul Biber
(türkische Paprikaflocken)

Mehl, Trockenhefe und Salz in einer Rührschüssel vermischen. Olivenöl in einer kleinen Pfanne leicht erwärmen, Pul Biber einrühren, vom Herd nehmen und ca. 10 Minuten quellen lassen. Dann alles mit dem Wasser zum Mehl geben und mithilfe der Knethaken eines Handrührgeräts zu einem glatten Teig verarbeiten. Den Teig zudecken und ca. 50 Minuten gehen lassen. In der Zwischenzeit den Kugelgrill anzünden und die Kohle gut durchglühen lassen. Den Teig auf der leicht bemehlten Arbeitsfläche noch einmal kräftig durchkneten und in den eingefetteten Römertopf legen. Den geschlossenen Römertopf auf den Grillrost stellen. Den Kugelgrill verschließen und das Brot ca. 35 Minuten bei 220 °C backen. Dann den Deckel vom Römertopf nehmen und das Brot in weiteren 15 Minuten fertig backen. Nach dem Backen das Brot aus dem Topf stürzen, kurz abkühlen lassen und am besten noch warm genießen. Zum Weißbrot passen hervorragend verschiedene Buttermischungen.

ZUBEREITUNGSZEIT: CA. 25 MIN. TEIGRUHE: CA. 60 MIN. BACKZEIT: CA. 50 MIN.

Tipp: Die Currypaste eignet sich für viele Gemüsecurrys. Mischen Sie sie einfach zu frischem angebratenem Gemüse vom Markt, und servieren Sie dazu Reis oder Baguette.

Wokkürbis

FÜR DEN KÜRBIS
600 g Hokkaido
200 ml Kokosmilch
200 ml Gemüsebrühe
6 Bananenschalotten
4 EL Sesamöl
(ersatzweise Rapsöl)
2 Stängel Zitronengras
Salz

FÜR DIE CURRYPASTE
60 g fein gehackte Zwiebel
2 EL Sesamöl
(ersatzweise Rapsöl)
1 EL brauner Zucker
1 EL Kurkuma
1 TL frisch geriebener Ingwer
1 TL Zitronensaft
1 TL gemahlener Kreuzkümmel
1 TL abgeriebene Orangenschale
1 TL Salz
½ Chilischote

Für die Paste die Zwiebeln in einer Pfanne mit Sesamöl goldbraun anbraten. Zwiebeln mit restlichen Zutaten in einen kleinen Mixbecher geben und mit einem Stabmixer zu einer Paste verarbeiten. Hokkaido halbieren, Kerne entfernen und Kürbis in ca. 2 cm breite Spalten schneiden. Schalotten der Länge nach vierteln. Zitronengras halbieren und mit dem Messerrücken etwas andrücken. Wok auf das Dutch-Oven-Gestell oder in den Einsatz des Kugelgrills stellen und stark erhitzen. Sesamöl hineingeben und den Kürbis darin scharf anbraten. Schalotten und Zitronengras dazugeben und kurz mitbraten. Currypaste unterrühren und mit Gemüsebrühe und Kokosmilch ablöschen. Alles etwas einreduzieren lassen und mit Salz abschmecken.

ZUBEREITUNGSZEIT: CA. 20 MIN. GRILLZEIT: 12 MIN.

Aprikosen-Mohn-Kuchen

700 g Aprikosen
370 ml Sojadrink
300 g Dinkelmehl
300 g gemahlener Mohn
220 g Puderzucker
80 g vegane Margarine
4 EL Mandelsplitter
40 g Sojajoghurt
25 g Weinsteinbackpulver
10 g Kartoffelstärke
abgeriebene Schale
1 Zitrone
Mark 1 Vanilleschote
1 Prise Salz

Margarine, Vanillemark und Puderzucker schaumig rühren, dann Sojajoghurt unterheben. Mehl, Backpulver und Stärke miteinander versieben und mit Sojadrink, Salz und Zitronenschale unter die schaumig geschlagene Margarine rühren. Zum Schluss den Mohn unterrühren. Blech mit Backpapier auslegen und den Teig ca. 3 cm hoch aufstreichen. Wer einen Backrahmen besitzt, kann den Teig in den Backrahmen füllen. Aprikosen halbieren, Steine entfernen und Aprikosen mit der Hautseite nach unten leicht in den Teig drücken. Den Aprikosen-Mohn-Kuchen mit Mandelsplittern bestreuen und im vorgeheizten Ofen bei 180 °C ca. 30 Minuten backen.

ZUBEREITUNGSZEIT: CA. 20 MIN. **BACKZEIT:** CA. 30 MIN.

Picknick / draußen kochen – einfach vegan

Tipp: Zum Bagel passt hervorragend etwas Feldsalat mit Balsamicodressing. Das Rezept für das Dressing finden Sie auf S. 222.

Bagel
mit Kartoffel-Karotten-Creme

250 g mehligkochende Kartoffeln
100 g Karotten
100 ml Hafer Cuisine
30 g vegane Margarine
1 fein gehackte Schalotte
¼ TL Kurkuma
Salz und Pfeffer aus
der Mühle

AUSSERDEM
4 Bagel
½ Gurke
1 Karotte
4 EL Sprossen

Für die Creme Kartoffeln und Karotten in ca. 2 cm große Stücke schneiden und in leicht gesalzenem Wasser weich kochen. Nach dem Abgießen Margarine, Hafer Cuisine, Schalotten und Kurkuma dazugeben und alles mit einem Kartoffelstampfer zerstampfen. Die Creme mit Salz und Pfeffer abschmecken. Gurke in dünne Scheiben schneiden. Karotte fein raspeln. Bagel der Länge nach halbieren und die Creme auf den Böden verteilen. Einige Gurkenscheiben und Karottenraspel daraufgeben, mit Sprossen garnieren und die Bagel mit den oberen Hälften bedecken.

ZUBEREITUNGSZEIT: CA. 30 MIN.

Buchweizenpfannkuchen
mit Brokkoli-Kartoffel-Füllung

FÜR DIE PFANNKUCHEN
140 ml kohlensäurehaltiges Mineralwasser
130 ml Sojadrink
100 g Buchweizenmehl
80 g Weizen- oder Dinkelvollkornmehl
1 Prise Salz
Rapsöl

FÜR DIE FÜLLUNG
300 g mehligkochende Kartoffeln
½ Brokkoli
100 ml Hafer Cuisine
2 EL gehackter Schnittlauch
20 g vegane Margarine
4 Radicchioblätter
1 EL Essiggurkenwasser
1 Prise Muskatnuss
Kümmel
Salz und weißer Pfeffer aus der Mühle

Beide Mehlsorten in eine Schüssel sieben und mit Sojadrink, Mineralwasser und Salz zu einem glatten Teig verrühren. Diesen ca. 15 Minuten quellen lassen. Eine Pfanne dünn mit Rapsöl bestreichen, heiß werden lassen und den Teig mithilfe einer Schöpfkelle dünn in die Pfanne einlaufen lassen. Die Pfannkuchen auf beiden Seiten goldbraun ausbacken, auf einen Teller legen, mit Frischhaltefolie bedecken und auskühlen lassen. Für die Füllung die Kartoffeln vierteln und in leicht gesalzenem Wasser sehr weich kochen. Nach dem Abgießen kurz ausdampfen lassen und mit einem Kartoffelstampfer oder einer Flotten Lotte passieren. Hafer Cuisine, Margarine, Essiggurkenwasser und Schnittlauch unterrühren und das heiße Püree mit Salz, Pfeffer, Kümmel und Muskatnuss abschmecken. Brokkoli zerteilen und in leicht gesalzenem Wasser bissfest garen. Aus dem Wasser heben und mit kaltem Wasser abschrecken. Pfannkuchen auf der Arbeitsfläche auslegen, mit Kartoffelpüree bestreichen und jeweils 1 Radicchioblatt sowie einige Brokkoliröschen darauflegen. Die Buchweizenpfannkuchen zu Tüten einrollen und z. B. aufrecht in Gläsern servieren.

ZUBEREITUNGSZEIT: CA. 30 MIN. **TEIGRUHE:** CA. 15 MIN.

Tipp:
Zum Chapati passt das Okraschotencurry (siehe S. 113) hervorragend.

Ich verwende als Rost für meinen Gaskocher übrigens ein ausrangiertes Pralinengitter. Wem das Backen auf offener Flamme zu umständlich ist, der kann das Fladenbrot auch in der Pfanne fertig backen.

Chapati –
indisches Fladenbrot

150 g Weizenvollkornmehl
150 g helles Weizenmehl
150 ml lauwarmes Wasser
1 EL Rapsöl
1 Prise Salz

AUSSERDEM
4 EL zerlassene
vegane Margarine

Beide Mehlsorten und Salz vermengen. Dann mit Wasser und Rapsöl mit den Händen mindestens 10 Minuten kneten. Teig mit Frischhaltefolie abdecken und mindestens 1 Stunde ruhen lassen. Anschließend in etwa walnussgroße Stücke teilen und diese auf der bemehlten Arbeitsfläche rund ausrollen. Eine schwere gusseiserne oder beschichtete Pfanne auf dem Grill oder auf einem Gaskocher stark erhitzen. Teigfladen in der Pfanne auf beiden Seiten ca. 1 Minute anbraten. Dann auf einen Rost auf den Gaskocher legen und die Chapati auf beiden Seiten bei starker Flamme unter ständigem Wenden fertig backen. Dünn mit Margarine bestreichen.

ZUBEREITUNGSZEIT: CA. 15 MIN. TEIGRUHE: CA. 60 MIN.
GRILLZEIT: CA. 10 MIN.

Dieses Rezept eignet sich ebenfalls für die Zubereitung auf dem Grill oder im Gaskocher.

Picknick / draußen kochen – einfach vegan 179

Erdäpfelkas und Liptauer
mit Brötchensonne

FÜR DIE BRÖTCHENSONNE
300 g Einkornmehl
250 ml lauwarmes Wasser
200 g helles Weizenmehl
4 EL Saatenmischung
(Sonnenblumenkerne, Kürbiskerne, Pinienkerne…)
30 g frische Hefe
2 EL Olivenöl
1 EL Apfelsüße
½ TL gemahlene Koriandersamen
½ TL Salz

ZUBEREITUNG DER BRÖTCHENSONNE
Beide Mehlsorten in eine Schüssel sieben. Salz und Koriander unter das Mehl mischen. Hefe und Apfelsüße im Wasser auflösen und mit Olivenöl in der Küchenmaschine unter das Mehl kneten. Den Teig mindestens 10 Minuten kneten, bis er sich vom Rand der Schüssel löst. Auf der leicht bemehlten Arbeitsfläche noch einmal kräftig durchkneten, zu einer Kugel formen, in die Schüssel zurücklegen und mit einem Geschirrtuch abgedeckt ca. 40 Minuten gehen lassen. Anschließend noch einmal auf der bemehlten Arbeitsfläche durchkneten und den Teig in 7 gleich große Stücke teilen. Diese zu kleinen glatten Kugeln formen und auf einem mit Backpapier belegten Blech wie auf dem Bild anordnen. Die Brötchen sollen sich leicht berühren. Mit einem Geschirrtuch bedecken und weitere 20 Minuten gehen lassen. Die Brötchensonne mit etwas Wasser bestreichen, mit der Saatenmischung bestreuen und im vorgeheizten Ofen bei 180 °C ca. 25 Minuten goldbraun backen.

ZUBEREITUNG DES ERDÄPFELKAS UND LIPTAUERS →

ZUBEREITUNG DES ERDÄPFELKAS UND LIPTAUERS

Erdäpfelkas und

FÜR DEN ERDÄPFELKAS
400 g mehligkochende Kartoffeln
150 ml Hafer Cuisine
2 Schalotten
40 g zimmerwarme vegane Margarine
½ Bund Schnittlauch
2 Essiggurken
2 EL Essiggurkenwasser
gemahlener Kümmel
Salz und Pfeffer aus der Mühle

ZUBEREITUNG DES ERDÄPFELKAS
Ungeschälte Kartoffeln in leicht gesalzenem Wasser weich kochen. Schalotten sehr fein hacken. Essiggurken fein würfeln. Schnittlauch in feine Ringe schneiden. Kartoffeln nach dem Kochen schälen und fein passieren. Margarine, Hafer Cuisine, Schalotten, Essiggurken, Gurkenwasser und Schnittlauch unterrühren. Mit Kümmel, Salz und Pfeffer abschmecken.

Erdäpfelkas und Liptauer
mit Brötchensonne

Liptauer

Erdäpfelkas und Liptauer
mit Brötchensonne

FÜR DEN LIPTAUER
300 g veganer Frischkäse (siehe S. 225)
80 g vegane Margarine
2 Essiggurken
1 EL Essiggurkenwasser
1 EL Schnittlauch
1 EL gehackte Petersilie
1 Knoblauchzehe
1 TL Senf
1 TL Paprikapulver
½ TL gehackter Kümmel
Salz und Pfeffer aus der Mühle

ZUBEREITUNG DES LIPTAUERS
Essiggurken und Knoblauch fein hacken. Margarine glatt rühren. Frischkäse mit Gurkenwasser, Essiggurken, Knoblauch, Senf, Paprikapulver, Kümmel, Schnittlauch und Petersilie unter die Margarine rühren. Mit Salz und Pfeffer abschmecken. Den Liptauer im Kühlschrank mindestens 1 Stunde lang durchziehen lassen.

ZUBEREITUNGSZEIT: CA. 40 MIN. **TEIGRUHE:** CA. 60 MIN.
BACKZEIT: CA. 25 MIN.

Gefülltes Picknickbrot

1 kleiner Brotlaib
(ca. 400 g)
1 rote Paprika
½ Aubergine
½ Zucchino
½ Bund Basilikum
4 EL Ajvar
(siehe S. 35)
Salz und Pfeffer aus
der Mühle

Basilikumblätter abzupfen. Zucchino und Aubergine in Scheiben schneiden. Paprika halbieren, Kerngehäuse entfernen und Paprika mit der Haut nach oben auf ein mit Backpapier belegtes Blech legen. Im vorgeheizten Ofen bei 220 °C backen, bis die Haut Blasen wirft, dann die Paprika aus dem Ofen nehmen, mit einem feuchten Geschirrtuch abdecken und abkühlen lassen. Anschließend die Haut abziehen. Zucchini und Auberginen in einer gusseisernen Pfanne ohne Zugabe von Fett von beiden Seiten anbraten. Mit Salz und Pfeffer würzen. Oberes Drittel des Brots als Deckel abschneiden, dann das Brot aushöhlen. Abwechselnd gegrilltes Gemüse, Paprika, Ajvar und Basilikum in das Brot schichten. Brotlaib mit dem Deckel verschließen und das Brot erst beim Picknicken mit einem scharfen Messer in Stücke schneiden.

ZUBEREITUNGSZEIT: CA. 30 MIN.

Tipp: Die Füllung kann problemlos variiert werden. Statt des Gemüses können Sie die Kartoffelbasis z. B. mit gehackten und angebratenen Pilzen und Kräutern ergänzen.

Gemüsepasteten

FÜR DEN TEIG
200 g helles Weizenmehl
200 g Einkorn- oder Dinkelvollkornmehl
170 ml lauwarmes Wasser
3 EL Olivenöl
20 g frische Hefe
1 EL Apfelsüße
1 TL Salz

FÜR DIE FÜLLUNG
200 g mehligkochende Kartoffeln
50 ml Hafer Cuisine
40 g Karotte
40 g Pastinake
½ gelbe Paprika
1 Schalotte
2 EL vegane Margarine
1 TL Olivenöl
1 Prise Muskatnuss
Salz und Pfeffer aus der Mühle

Beide Mehlsorten mit Salz in einer Schüssel vermengen. Hefe in Wasser auflösen. Mehl, Hefe-Wasser-Mischung, Olivenöl und Apfelsüße mit den Knethaken eines Handrührgeräts zu einem geschmeidigen Teig verarbeiten. Diesen auf der bemehlten Arbeitsfläche mit den Händen noch einmal kräftig durchkneten und zu einer Kugel formen. Teig zurück in die Schüssel legen und bedeckt ca. 40 Minuten gehen lassen. Für die Füllung Kartoffeln vierteln und in Salzwasser weich kochen. Karotte und Pastinake in ca. 5 mm große Würfel schneiden, in leicht gesalzenem Wasser bissfest garen und danach mit kaltem Wasser abschrecken. Paprika und Schalotte klein würfeln. Olivenöl in einer beschichteten Pfanne erhitzen, Paprika und Schalotten darin anbraten. Kartoffeln mit Margarine und Hafer Cuisine mit einem Kartoffelstampfer zerstampfen. Karotten, Pastinaken, Paprika und Schalotten unter die Kartoffeln rühren und alles mit Salz, Pfeffer und Muskatnuss abschmecken. Den Teig in 4 gleich große Stücke teilen und auf der bemehlten Arbeitsfläche rund ausrollen. Die Füllung in die Mitte der Teigkreise platzieren. Teigränder leicht mit Wasser bestreichen und den Teig über die Füllung schlagen. Ränder leicht zusammendrücken und die Pasteten auf ein mit Backpapier belegtes Blech legen und dünn mit etwas lauwarmem Wasser bestreichen. Pasteten im vorgeheizten Ofen bei 180 °C ca. 20 Minuten backen, dann abkühlen lassen.

ZUBEREITUNGSZEIT: CA. 40 MIN. TEIGRUHE: CA. 40 MIN. BACKZEIT: CA. 20 MIN.

Griechisches Halva
mit marinierten Erdbeeren

FÜR DAS HALVA
600 ml Wasser
210 g Weichweizengrieß
200 g Zucker
150 g vegane Margarine
100 g gemahlene Mandeln
abgeriebene Schale und
Saft ½ Zitrone
½ TL gemahlener Zimt
2 Nelken
1 Prise Salz

FÜR DIE ERDBEEREN
120 g Erdbeeren
1 EL Balsamicoessig
1 EL brauner Zucker
¼ TL abgeriebene Zitronenschale

AUSSERDEM
6 kleine Einmachgläser
(ca. 220 ml Fassungsvermögen)

Wasser mit Zucker, Nelken, Zimt, Salz, Zitronenschale und -saft zum Kochen bringen und die Flüssigkeit ca. 10 Minuten auf kleiner Flamme etwas einreduzieren lassen. In einem anderen Topf die Margarine schmelzen lassen. Weizengrieß in die Margarine einrieseln lassen und unter ständigem Rühren anrösten. Mandeln zum Grieß dazugeben und kurz mitrösten. Den Topf vom Herd nehmen und das dickflüssige Wassergemisch nach und nach unter den Grieß rühren, bis ein fester Brei entsteht. Diesen in kleine Einmachgläser füllen und auskühlen lassen. Erdbeeren waschen, das Grün entfernen und die Erdbeeren klein schneiden. Mit Balsamicoessig, Zitronenschale und Zucker marinieren und erst beim Picknicken auf dem ausgekühlten Grieß verteilen.

ZUBEREITUNGSZEIT: CA. 20 MIN.

Karottenhummus
mit Gemüsesticks

FÜR DAS HUMMUS
250 g gekochte Kichererbsen
150 g Karotten
4 EL Olivenöl
2 EL Tahin
Saft ½ Zitrone
1 Knoblauchzehe
1 TL gemahlener Kreuzkümmel
Salz und Pfeffer aus
der Mühle

FÜR DIE STICKS
½ Zucchino
½ Gurke
2 Karotten
4 kleine grüne Spargelstangen
½ weißer Rettich
1 Tasse Kresse

Für das Hummus Karotten in leicht gesalzenem Wasser sehr weich kochen. Vom Kochwasser etwas beiseitestellen. Knoblauch etwas hacken. Karotten mit Kichererbsen, Tahin, Olivenöl, Knoblauch, Zitronensaft und Kreuzkümmel im Mixer zu einer feinen Paste verarbeiten. Sollte das Hummus zu fest sein, etwas Kochwasser untermischen. Mit Salz und Pfeffer abschmecken. Karotten und Rettich schälen. Zucchino, Gurke, Karotten und Rettich in nicht zu dünne Streifen schneiden. Spargelenden abschneiden. Alle Gemüsesticks in das Hummus stecken und mit etwas Kresse garnieren.

ZUBEREITUNGSZEIT: CA. 20 MIN.

Kleine Gemüsestrudel

200 g mehlig-
kochende Kartoffeln
50 g Zwiebel
50 g Erbsen
50 g Karotten
50 g Knollensellerie
2 EL Rapsöl
1 Knoblauchzehe
½ TL Garam masala
½ TL gemahlener Kreuzkümmel
1 Msp. Chilipulver
Salz

AUSSERDEM
1 Packung Blätterteig

Ungeschälte Kartoffeln sehr weich kochen. Dann schälen und mit einem Kartoffelstampfer zerstampfen. Zwiebel, Karotten und Sellerie sehr klein würfeln. Knoblauch fein hacken. Rapsöl in einer Pfanne erhitzen. Zwiebeln, Karotten und Sellerie darin anbraten. Kreuzkümmel, Garam masala, Chili und Knoblauch dazugeben und kurz mitbraten. Kartoffelpüree und Erbsen dazugeben und kurz mitbraten. Die Füllung mit Salz abschmecken und etwas abkühlen lassen. Blätterteig auf der Arbeitsfläche auslegen, in ca. 10 x 12 cm große Stücke schneiden und mit der kurzen Seite nach unten ausrichten. Füllung in der Mitte des Teigstücks als länglichen Ziegel auftragen. Blätterteig von einer Seite über die Masse schlagen und dünn mit Wasser bestreichen. Dann die andere Teighälfte darüberklappen. Strudel auf ein mit Backpapier belegtes Blech legen und im vorgeheizten Ofen bei 180 °C ca. 15 Minuten backen.

ZUBEREITUNGSZEIT: CA. 30 MIN. BACKZEIT: CA. 15 MIN.

Picknick / draußen kochen – einfach vegan

Nudelsalat
für unterwegs

FÜR DIE FÜLLUNG
150 g Spaghetti
100 g Knollensellerie
½ rote Paprika
1 TL Zitronensaft
Salz

FÜR DIE MAYONNAISE
70 ml Rapsöl
50 g Sojajoghurt
½ TL Senf
½ TL Zitronensaft
½ TL Kurkuma
1 Msp. Cayennepfeffer
Salz

AUSSERDEM
8 große Blätter Eisbergsalat
Rotkohlsprossen zum Garnieren

Nudeln in reichlich Salzwasser kochen und abgießen. Sellerie in feine Streifen schneiden, in leicht gesalzenem Wasser mit etwas Zitronensaft einmal aufkochen lassen und abgießen. Paprika in sehr feine Streifen schneiden. Für die Mayonnaise Sojajoghurt mit Senf, Zitronensaft, Kurkuma, Salz und Cayennepfeffer glatt rühren. Rapsöl mit einem Stabmixer unter den Sojajoghurt mixen. Nudeln, Sellerie und Paprika in eine Schüssel geben, mit der Mayonnaise vermengen und mit Salz abschmecken. Eisbergsalat auf der Arbeitsfläche verteilen. Nudelsalat auf die Salatblätter geben. Salatblätter links und recht über den Nudelsalat klappen und einrollen. Mit etwas Sprossen garnieren.

ZUBEREITUNGSZEIT: CA. 30 MIN. **KOCHZEIT:** CA. 15 MIN.

Nussecken

FÜR DEN TEIG
450 g Dinkelmehl
200 g Zucker
200 g vegane Margarine
60 ml Sojadrink
2 TL Weinsteinbackpulver
½ TL gemahlene Vanilleschote
abgeriebene Schale ½ Zitrone
1 Prise Salz

FÜR DEN BELAG
250 g vegane Zartbitterschokolade
150 g Zucker
150 g vegane Margarine
100 g gehobelte Mandeln
100 g gehobelte Haselnüsse
100 g gemahlene Walnüsse
60 g Himbeermarmelade
4 EL Wasser
½ TL gemahlene Vanilleschote

Mehl mit Backpulver versieben. Zucker, Vanille, Zitronenschale und Salz daruntermengen. Margarine für den Teig klein schneiden und mit Sojadrink mit den Knethaken eines Handrührgeräts unter das Mehl arbeiten. Krümelige Masse rasch zu einem glattem Teig kneten und diesen in Frischhaltefolie einschlagen. Teig im Kühlschrank ca. 1 Stunde ruhen lassen. Für den Belag Margarine mit Zucker, Wasser und Vanille in einem kleinen Topf zum Kochen bringen. Nüsse und Mandeln unterrühren, die Masse vom Herd nehmen und auskühlen lassen. Den Teig nochmals durchkneten, auf ein mit Backpapier belegtes Blech legen und ca. 5 mm dick ausrollen. Himbeermarmelade glatt rühren und gleichmäßig auf den Teig streichen. Darauf die Nussmischung verteilen und ebenfalls glatt streichen. Nussecken im vorgeheizten Ofen bei 180 °C ca. 30 Minuten backen, danach aus dem Ofen nehmen und gut durchkühlen lassen. Nussecken in gleich große Quadrate schneiden und diese zu Dreiecken halbieren. Schokolade grob raspeln und im Wasserbad schmelzen lassen. Die Nussecken mit einer Spitze in die Schokolade tauchen und auf Backpapier liegen lassen, bis die Schokolade fest geworden ist.

ZUBEREITUNGSZEIT: CA. 40 MIN. **TEIGRUHE:** CA. 60 MIN.
BACKZEIT: CA. 30 MIN.

Tipp: Dazu passt neben Zitronenspalten auch ein Sojajoghurt-Kräuter-Dip oder eine scharfe Sauce von S. 218f.

Polentaspieße

FÜR DIE POLENTA
1 l Gemüsebrühe
200 g Polenta
1 Karotte
2 EL Olivenöl
6 entsteinte grüne Oliven
1 Schalotte
1 Knoblauchzehe
1 Prise Muskatnuss
Salz und Pfeffer aus
der Mühle

FÜR DIE PANADE
200 g Semmelbrösel
150 ml Sojadrink
100 g helles Weizenmehl
1 TL Apfelessig

AUSSERDEM
500 ml Pflanzenöl zum
Ausbacken
10 kleine Bambusspieße
10 Basilikumblätter
5 Kirschtomaten
1 in Stücke geschnittene
Zitrone

Karotte, Schalotte, Oliven und Knoblauch fein würfeln. Olivenöl in einem Topf erhitzen und Gemüse darin anschwitzen. Polenta dazugeben, kurz mitschwitzen lassen und mit Gemüsebrühe ablöschen. Polenta bei geringer Hitze unter gelegentlichem Umrühren quellen lassen. Mit Salz, Pfeffer und Muskatnuss abschmecken. Polenta in eine mit Frischhaltefolie ausgelegte Auflaufform einfüllen und glatt streichen. Die Polenta sollte ca. 2 cm hoch sein. Nach dem Auskühlen die Polenta in ca. 3 cm breite und ca. 5 cm lange Stücke schneiden. Sojadrink und Apfelessig verrühren und ca. 10 Minuten stehen lassen. Polentastücke in Mehl wenden, durch den Sojadrink ziehen und in den Semmelbröseln wenden. Pflanzenöl in einem Topf heiß werden lassen. Polentastücke schwimmend darin goldbraun ausbacken und auf Küchenkrepp abtropfen lassen. Danach auf Bambusspieße stecken und mit halben Kirschtomaten, Zitronenstücken und Basilikumblättern garnieren.

ZUBEREITUNGSZEIT: CA. 40 MIN. KÜHLZEIT: CA. 60 MIN.

Schokokuchen
im Glas

250 g helles Weizenmehl
200 g vegane Zartbitterschokolade
160 g gemahlene Haselnüsse
140 ml Mandeldrink
120 g brauner Zucker
120 ml Rapsöl
100 ml Apfelsüße
40 g Kakaopulver
2 TL Weinsteinbackpulver
1 TL Apfelessig
Mark 1 Vanilleschote
1 Prise Salz

AUSSERDEM
100 g Heidelbeeren
4 Einmachgläser
(ca. 500 ml Fassungsvermögen)
2 EL Rapsöl zum Einfetten

Schokolade grob reiben. Mehl, Haselnüsse, Zucker, Kakaopulver, Vanillemark, Backpulver und Salz miteinander vermengen. Mandeldrink, Rapsöl, Apfelsüße und Apfelessig unterrühren. Dann die geriebene Schokolade in die Masse einrühren. Einmachgläser mit etwas Rapsöl ausstreichen. Teigmasse einfüllen und die unverschlossenen Gläser im vorgeheizten Ofen bei 180 °C ca. 25 Minuten backen. Auskühlen lassen und erst beim Picknicken mit den Heidelbeeren garnieren.

ZUBEREITUNGSZEIT: CA. 10 MIN. BACKZEIT: CA. 25 MIN.

Spinatauflauf

1 kg Spinat
500 g Yufkateig
150 g Tomaten
100 g vegane Margarine
4 Schalotten
50 g Walnüsse
3 EL Olivenöl
1 EL Apfelsüße
1 TL Sambal Oelek
Salz und Pfeffer aus der Mühle

Tomaten halbieren, Kerngehäuse entfernen und Tomaten grob hacken. Schalotten fein hacken. Walnüsse grob hacken. Spinat waschen und gründlich abtropfen lassen. Olivenöl in einem Topf erhitzen und Schalotten darin kurz anbraten. Spinat dazugeben und so lange anbraten, bis er zusammenfällt. Walnüsse, Tomaten, Sambal Oelek und Apfelsüße unterrühren und alles mit Salz und Pfeffer abschmecken. Margarine in einem kleinen Topf schmelzen lassen. Eine Auflaufform damit dünn ausstreichen. Ein Blatt Yufkateig hineinlegen und etwas von der Spinatfüllung darauf verteilen. Eine weitere Schicht Yufkateig darauflegen und wieder etwas Füllung darauf verteilen. Diesen Vorgang so lange wiederholen, bis die Füllung aufgebraucht ist. Nun den überstehenden Teig über die Füllung schlagen und mit Margarine bestreichen. Spinatauflauf im Ofen bei 180 °C ca. 30 Minuten backen und nach dem Abkühlen portionieren.

ZUBEREITUNGSZEIT: CA. 20 MIN. BACKZEIT: CA. 30 MIN.

Picknick / draußen kochen – einfach vegan

Spinattaschen

1 Packung Yufkateig
150 g Spinat
100 g vegane Margarine
40 g Zwiebel
½ rote Paprika
30 g Pinienkerne
2 EL Olivenöl
2 Knoblauchzehen
½ Chilischote
1 Msp. gemahlene Koriandersamen
1 Prise Muskatnuss
Salz und Pfeffer aus der Mühle

AUSSERDEM
1 in Spalten geschnittene Zitrone
½ rote Paprika
1 Bund Rucola

Spinat waschen und gründlich abtropfen lassen. Zwiebel klein würfeln. Knoblauch und Chilischote fein hacken. Paprika in kleine Würfel schneiden. Olivenöl in einer Pfanne erhitzen. Paprika und Zwiebeln darin anbraten. Knoblauch, Chili und Spinat dazugeben und so lange garen, bis er zusammenfällt. Mit Salz, Pfeffer, Koriander und Muskatnuss abschmecken. Pinienkerne unter den Spinat rühren. Margarine schmelzen lassen. Yufkateig in ca. 10 cm breite Streifen schneiden und mit Margarine bestreichen. Jeweils auf eine untere Ecke der Teigstreifen den Spinat geben und diese Ecke über den Teig klappen. Auf diese Weise entsteht die Dreieckform. Teig immer weiter über die Füllung schlagen und zuletzt den überstehenden Teig einfach um die Spinattaschen klappen. Diese auf ein mit Backpapier belegtes Blech legen, mit etwas Margarine bestreichen und im vorgeheizten Ofen bei 180 °C ca. 15 Minuten backen.

Die Spinattaschen auskühlen lassen. Paprika in kleine Würfel schneiden. Die Spinattaschen auf dem Rucola anrichten, mit Paprika bestreuen und mit Zitronenspalten servieren.

ZUBEREITUNGSZEIT: CA. 20 MIN. BACKZEIT: CA. 15 MIN.

Veganes Temaki

300 ml Wasser
150 g Sushi-Reis
8 kleine grüne Spargelstangen
4 Noriblätter
4 Babykarotten
8 kleine Salatblätter
½ Bund Rucola
4 EL vegane Mayonnaise
(siehe S. 219)
2 EL Reisessig
1 TL Wasabipaste
1 TL Zucker
Salz

Sushi-Reis in ein Sieb geben und mit kaltem Wasser so lange abspülen, bis das Wasser klar ist. Dann ca. 10 Minuten abtropfen lassen. Wasser in einem Topf zum Kochen bringen, Reis dazugeben und ca. 5 Minuten auf kleiner Flamme kochen lassen. Dann den Topf vom Herd nehmen, verschließen und den Reis ca. 20 Minuten quellen lassen. Den Deckel entfernen und den Reis ca. 10 Minuten abkühlen lassen. Reisessig, Salz und Zucker in einem kleinen Topf erwärmen, bis sich der Zucker aufgelöst hat. Reis in eine Schüssel füllen und mit Reisessig übergießen. Alles abkühlen lassen. Spargelenden abschneiden. Karotten schälen und der Länge nach vierteln. Rucola waschen und trocken schleudern. Spargel und Karotten in leicht gesalzenem Wasser bissfest kochen. Gemüse aus dem Wasser nehmen und mit kaltem Wasser abschrecken. Mayonnaise mit Wasabipaste verrühren.

Noriblätter quer halbieren. Sushi-Reis mit angefeuchteten Händen zu 8 etwa golfballgroßen Kugeln formen. Je ein kleines Salatblatt auf die Noriblätter legen. 1 TL Mayonnaise daraufstreichen. Anschließend eine Reiskugel in die Mitte der Noriblätter legen und flach drücken. Etwas Rucola, eine Spargelstange und ein paar Karotten darauflegen. Die Noriblätter zu Tüten rollen.

ZUBEREITUNGSZEIT: CA. 50 MIN.

Allerlei für drauf und dran

Allerlei Grillbutter-Variationen

Tipp: Die Grillbutter mithilfe eines Spritzbeutels entweder zu Rollen oder Rosetten formen. Diese im Kühlschrank kalt stellen.

Grillbutter

250 g zimmerwarme vegane Margarine
4 EL Balsamicoessig
2 EL Apfelsüße
1 Prise Cayennepfeffer
Salz

Balsamicobutter

Margarine mit dem Schneebesen schaumig rühren. Balsamicoessig und Apfelsüße unterrühren und alles mit Salz und Cayennepfeffer abschmecken.

Tipp: Verwenden Sie einmal statt des Balsamicoessigs Apfelbalsamico.

250 g zimmerwarme vegane Margarine
2 Knoblauchzehen
1 Chilischote
1 TL Limettensaft
Salz und Pfeffer aus der Mühle

Chilibutter

Margarine mit dem Schneebesen schaumig rühren. Chilischote halbieren und Kerne entfernen. Knoblauch grob hacken und mit Chili im Mörser zermahlen. Die Mischung unter die Margarine rühren und alles mit Limettensaft, Salz und Pfeffer abschmecken.

250 g zimmerwarme vegane Margarine
4 Knoblauchzehen
1 TL Senf
½ TL Zitronensaft
Salz und weißer Pfeffer aus der Mühle

Knoblauchbutter

Margarine mit einem Schneebesen schaumig rühren. Knoblauch sehr fein hacken, mit etwas Salz vermengen und mit dem Messerrücken zu einer Paste verreiben. Diese mit Senf und Zitronensaft unter die Margarine rühren und mit etwas Pfeffer abschmecken.

Allerlei für drauf und dran / draußen kochen – einfach vegan

Kräuterbutter

250 g zimmerwarme vegane Margarine
2 EL fein gehackter Schnittlauch
1 EL fein gehackte Petersilie
1 EL fein gehackter Kerbel
1 fein gehackte Knoblauchzehe
1 TL Zitronensaft
1 TL Senf
Salz und Pfeffer aus der Mühle

Zimmerwarme Margarine mit dem Schneebesen schaumig rühren. Kräuter, Knoblauch Senf und Zitronensaft unterrühren und alles mit Salz und Pfeffer abschmecken. Die Butter mit einem Spritzbeutel zu dünnen Rollen formen. Sollte die Butter zu weich sein, sie im Kühlschrank etwas anziehen lassen, formen und anschließend in den gehackten Kräutern wälzen. Danach kalt stellen.

Tipp: Passen Sie die Kräuter immer dem Grillgut und dem saisonalen Angebot an. Verwenden Sie im Frühling zum Beispiel Bärlauch.

Nussbutter

250 g zimmerwarme vegane Margarine
3 EL gemahlene Haselnüsse
1 TL Zitronensaft
Salz

Margarine mit dem Schneebesen schaumig rühren. Nüsse in einer Pfanne ohne Zugabe von Fett leicht anrösten und nach dem Abkühlen mit Zitronensaft unter die Margarine rühren. Nussbutter mit Salz abschmecken.

Zitronenbutter

250 g zimmerwarme vegane Margarine
1 Zitrone
1 Knoblauchzehe
1 Prise Cayennepfeffer
Salz

Margarine mit dem Schneebesen schaumig rühren. Schale der halben Zitrone abreiben und Zitrone auspressen. Zitronenschale und -saft sowie Knoblauch unter die Margarine rühren und die Butter mit Salz und Cayennepfeffer abschmecken.

ZUBEREITUNGSZEIT: CA. 10 MIN. PRO GRILLBUTTERVARIATION

Marinaden

Barbecue-Marinade

250 g Ketchup (siehe S. 219)
50 g fein gewürfelte Zwiebeln
50 g brauner Zucker
4 Petersilienstängel
2 EL Olivenöl
2 EL Wasser
3 grob gehackte Knoblauchzehen
1 EL Apfelessig
1 EL Tomatenmark
1 TL veganes flüssiges Raucharoma
1 TL Dijon-Senf
½ TL Cayennepfeffer

Zwiebeln mit dem Olivenöl in einem kleinen Topf anlaufen lassen. Knoblauch dazugeben und kurz mitbraten. Restliche Zutaten in den Topf geben und ca. 10 Minuten auf kleiner Flamme köcheln lassen. Dann die Marinade mit dem Stabmixer fein pürieren und abkühlen lassen.

Tipp: Diese Marinade eignet sich besonders für größere Gemüsestücke wie Kürbisscheiben. Die Gemüsescheiben am besten über Nacht darin einlegen oder vor dem Grillen dünn mit der Marinade bestreichen. Das Gemüse erst am Grill salzen.

Einfache Marinade

150 ml Olivenöl
2 EL fein gehackte Petersilie
1 EL Dijon-Senf
1 TL Zitronensaft
1 Knoblauchzehe
weißer Pfeffer aus der Mühle

Olivenöl mit Senf, Petersilie und Zitronensaft glatt rühren. Knoblauchzehe andrücken und mit dem Pfeffer zur Marinade geben. Das Gemüse in die Marinade legen, 2–3 Stunden ziehen lassen und vor dem Grillen salzen.

Tipp: Diese Marinade eignet sich zum Beispiel für Pilze oder Zwiebelscheiben.

Gewürzmischung 1

Alle Gewürze in einer Schüssel gut vermengen. Vor dem Würzen das Gemüse dünn mit Öl bestreichen und danach mit der Gewürzmischung bestreuen. Die Kräuter können nach Belieben variiert werden.

6 TL Salz
1 TL Thymian
1 TL Oregano
1 TL Rosmarin
1 TL brauner Zucker
½ TL edelsüßes Paprikapulver
½ TL abgeriebene Zitronenschale
½ TL gemahlener Kreuzkümmel
½ TL gemahlene Koriandersamen
½ TL gemahlene Fenchelsamen
½ TL Pul Biber
½ TL Pfeffer aus der Mühle

Gewürzmischung 2

Alle Gewürze in einer Schüssel gut vermengen. Vor dem Würzen das Gemüse dünn mit Öl bestreichen und danach mit der Gewürzmischung bestreuen. Thymian kann nach Belieben variiert werden.

4 EL Salz
1 TL Steinpilzpulver
1 TL Thymian
1 TL gemahlener Ingwer
½ TL weißer Pfeffer aus der Mühle

Joghurtmarinade

Rosmarin abzupfen und grob hacken. Joghurt, Rosmarin, Knoblauch, Zitronenschale und -saft mit Apfelsüße, Kreuzkümmel, Senfsamen und Pul Biber glatt rühren. Das Gemüse darin marinieren und erst am Grill salzen.

Tipp: Statt des Rosmarins passt auch hervorragend Minze in diese Marinade.

200 g Sojajoghurt
½ Bund Rosmarinzweige
abgeriebene Schale und Saft ½ Zitrone
1 fein gehackte Knoblauchzehe
1 TL Apfelsüße
½ TL gemahlener Kreuzkümmel
½ TL Senfsamen
½ TL Pul Biber

Verschiedenerlei Marinaden

Allerlei für drauf und dran / draußen kochen – einfach vegan

Marinaden

Orangen-Sesam-Marinade

150 ml Rapsöl
1 Orange
3 EL Apfelsüße
2 EL Sesam
1 TL Schwarzkümmel

Schwarzkümmel und Sesam kurz in einer Pfanne ohne Zugabe von Fett anrösten. Orangenschale abreiben, Orange halbieren und den Saft auspressen. Rapsöl und Apfelsüße mit Sesam, Schwarzkümmel, Orangenschale und -saft glatt rühren. Die Marinade am besten über Nacht ziehen lassen. Das Grillgut vor dem Grillen mit der Marinade bestreichen und leicht salzen.

Süße Chilimarinade

80 ml Rapsöl
5 EL Sojasauce
5 EL Apfelsüße
20 ml Sesamöl
2 TL Harissa
1 Knoblauchzehe
1 TL schwarzer Sesam

Sesam ohne Zugabe von Fett kurz in einer Pfanne anrösten. Knoblauch fein hacken. Sesam, Knoblauch, Raps- und Sesamöl, Apfelsüße, Harissa und Sojasauce glatt rühren. Das Grillgut damit bestreichen oder das Gemüse darin einlegen und erst am Grill salzen.

Zitronenmarinade

1 Zitrone
1 fein gehackte Knoblauchzehe
1 EL Tomatenmark
1 TL Sojasauce
1 TL Apfelsüße
1 TL Zitronenthymian
½ TL Fenchelsamen

Zitronenschale abreiben, Zitrone halbieren und auspressen. 2 EL Zitronensaft mit Sojasauce, Knoblauch, Tomatenmark, Apfelsüße und 1 TL Zitronenschale glatt rühren. Fenchelsamen im Mörser zerstoßen und mit Thymian unter die Marinade rühren. Die Marinade mindestens 40 Minuten ziehen lassen. Das Grillgut vor dem Grillen mit der Marinade bestreichen und leicht salzen.

Grillsaucen

Aioli

250 ml mildes Olivenöl
100 ml gekühlter Sojadrink
5 grob gehackte Knoblauchzehen
1 TL Zitronensaft
(ersatzweise Weißweinessig)
½ TL Estragonsenf
1 Prise Cayennepfeffer
Salz

Sojadrink, Knoblauch, Senf, Zitronensaft und etwas Salz in einen Mixbecher füllen. Mit dem Stabmixer aufmixen und das Olivenöl langsam einlaufen lassen. Aioli mit Cayennepfeffer abschmecken.

Apfelkren

250 g säuerliche Äpfel
3 EL frisch geriebener Meerrettich
½ TL Zitronensaft
1 TL brauner Zucker
1 Prise Salz

Äpfel schälen, entkernen und fein reiben. Meerrettich mit Zitronensaft, Zucker und Salz unter die Äpfel mischen.

Tipp: Apfelkren passt hervorragend zu gegrillten Rüben, z.B. Mairüben oder Steckrüben, sowie zu Linsenbratlingen.

Apfel-Walnuss-Sauce

1 großer säuerlicher Apfel
200 g veganer Frischkäse
(siehe S. 225)
3 EL gemahlene Walnüsse
3 EL zimmerwarme vegane Margarine
Salz und Pfeffer aus der Mühle

Apfel schälen und fein reiben. Walnüsse ohne Zugabe von Fett in einer Pfanne etwas anrösten. Apfel, Walnüsse, Frischkäse und Margarine glatt rühren und mit Salz und Pfeffer abschmecken.

Tipp: Je nach Verwendung können Sie die Sauce mit gemahlenen Koriandersamen oder etwas Zimt verfeinern.

Aprikosensenf

100 g Aprikosenmarmelade
4 EL Wasser
1 EL Senfmehl
1 TL Apfelessig mit 5% Säure
1 Prise Salz

Senfmehl mit Wasser und Apfelessig glatt rühren. Aprikosenmarmelade unterrühren und den Senf mit Salz abschmecken. Senf in Gläser abfüllen, verschließen und mindestens 2 Tage ziehen lassen.

Cocktailsauce

150 g vegane Mayonnaise
(siehe S. 219)
100 g Sojajoghurt oder
veganer Sauerrahm
6 EL Ketchup (siehe S. 219)
1 EL Tomatenmark
1 EL frisch geriebener Meerrettich
1 EL Essiggurkenwasser
1 TL Dijon-Senf
Salz und weißer Pfeffer
aus der Mühle

Mayonnaise, Joghurt, Ketchup, Tomatenmark, Meerrettich, Gurkenwasser und Senf glatt rühren und mit Salz und Pfeffer abschmecken.

Tipp: Sie können die Sauce auch mit etwas Cognac abrunden.

Feurige Sauce 1

250 g Ketchup (siehe S. 219)
100 g fein gewürfelte Zwiebeln
50 g fein gewürfelte Peperoni
1 TL Currypulver
1 TL Apfelsüße
1 fein gehackte Chilischote

Zwiebeln in etwas kochendem Wasser einmal aufkochen lassen, dann abgießen. Zwiebeln, Peperoni und Chili mit Ketchup glatt rühren. Mit Curry und Apfelsüße würzen.

150 g geschälte Tomaten
40 g fein gewürfelte Zwiebeln
2 EL Balsamicoessig
1 EL brauner Zucker
1 EL Olivenöl
1 fein gehackte Knoblauchzehe
1 fein gehackte Chilischote
Salz und Pfeffer aus der Mühle

Feurige Sauce 2

Tomaten grob hacken. Zucker in einer beschichteten Pfanne karamellisieren lassen. Zwiebeln dazugeben und kurz mitrösten. Tomaten, Knoblauch, Chili, Balsamicoessig und Olivenöl dazugeben und kurz dünsten. Die Sauce mit einem Stabmixer pürieren und mit Salz und etwas Pfeffer abschmecken.

1 kg sehr reife fleischige Tomaten
200 g brauner Zucker
100 g fein gewürfelte Zwiebeln
80 ml Apfelessig
1 fein gehackte Knoblauchzehe
2 TL Salz
½ TL gemahlener Piment
½ TL geriebener Ingwer
1 Prise Cayennepfeffer
1 Prise Muskatnuss

Ketchup

Strunk der Tomaten entfernen. Tomaten mit Zwiebeln und Knoblauch sehr weich kochen. Danach so fein wie möglich mit einem Stabmixer oder in der Küchenmaschine pürieren. Zucker, Essig und Gewürze dazugeben und kurz einkochen lassen. Ketchup durch ein feines Sieb streichen und noch heiß in Schraubgläser füllen. Diese auf einem feuchten Tuch mit dem Deckel nach unten auskühlen lassen.

500 g veganer Frischkäse
(siehe S. 225)
150 g veganer Sauerrahm
(ersatzweise 200 g Sojajoghurt)
5 EL fein gehackte Kräuter (Schnittlauch, Petersilie, Kerbel, Dill...)
50 g fein gehackte Zwiebeln
1 TL Zitronensaft
½ TL Senf
1 Prise gemahlener Kümmel
Salz und Pfeffer aus der Mühle

Kräuterdip

Zwiebeln in kochendem Wasser aufkochen lassen und anschließend abgießen. Frischkäse, Sauerrahm, Zwiebeln, Kräuter, Senf und Zitronensaft mit etwas Salz und Pfeffer glatt rühren. Mit Kümmel abschmecken.

Tipp: Statt des Sauerrahms können Sie auch Sojajoghurt verwenden. Gießen Sie diesen zum Abtropfen in ein feuchtes Geschirrtuch, das zuvor in ein Sieb gelegt wurde. Anschließend verarbeiten Sie ihn wie im Rezept beschrieben weiter.

200 ml Sonnenblumenöl
100 ml gekühlter Sojadrink
1 TL Zitronensaft
½ TL Dijon-Senf
Salz

Mayonnaise

Sojadrink mit Senf, Zitronensaft und etwas Salz in einen Mixbecher füllen. Das Sonnenblumenöl mit dem Stabmixer langsam auf höchster Stufe einarbeiten.

Allerlei für drauf und dran / draußen kochen – einfach vegan 219

Spezialsenf

Wasser mit Lorbeerblättern, Chili, Zucker, Salz und Piment aufkochen, ca. 5 Minuten ziehen lassen und Gemüsefond anschließend durch ein Sieb abgießen. Braune Senfkörner grob mahlen, mit Senfmehl vermengen und mit heißem Gewürzfond und Apfelessig glatt rühren. Den Senf abfüllen, verschließen und mindestens 2 Tage ziehen lassen.

240 ml Wasser
80 ml Apfelessig mit 5% Säure
60 g braune Senfkörner
50 g gelbes Senfmehl
2 TL brauner Zucker
1 TL Salz
½ Chilischote
2 Lorbeerblätter
1 Msp. Piment

Senfragout

Zwiebeln und Paprika in einer Pfanne mit Rapsöl etwas anbraten. Danach in eine Schüssel geben und mit Essiggurken und Senf vermengen. Mit Salz und Pfeffer abschmecken und eventuell mit einigen Chiliflocken garnieren.

200 g Estragonsenf
100 g fein gewürfelte Zwiebeln
80 g fein gewürfelte Paprika
80 g fein gewürfelte Essiggurken
1 EL Rapsöl
Salz und Pfeffer aus der Mühle

Zwiebelsenf

Zwiebel fein hacken und in einer kleinen Pfanne mit dem Rapsöl goldbraun anbraten. Senfmehl mit Wasser, Zucker und Apfelessig glatt rühren. Zwiebel unterrühren und Senf mit Salz und Pfeffer abschmecken. Den Senf abfüllen und über Nacht im Kühlschrank stehen lassen.

30 g gelbes Senfmehl
40 ml Wasser
20 ml Apfelessig mit 5% Säure
1 Zwiebel
1 TL Rapsöl
½ TL Zucker
Salz und Pfeffer aus der Mühle

Dressings für jede Gelegenheit

Dressings für jede Gelegenheit

Balsamicodressing

100 ml Olivenöl
50 ml Balsamicoessig
2 EL Pinienkerne
5 Basilikumblätter
½ TL Estragonsenf
1 Prise brauner Zucker
Salz und Pfeffer aus der Mühle

Balsamicoessig, Pinienkerne, Basilikum, Senf und Zucker in den Mixbecher füllen und mit einem Stabmixer vermischen. Olivenöl während des Mixens unterrühren. Mit Salz und Pfeffer abschmecken.

Chilidressing

4 Limetten
70 ml Rapsöl
50 ml Gemüsebrühe
2 Chilischoten
1 TL frisch geriebener Ingwer
1 Prise brauner Zucker
Salz und Pfeffer aus der Mühle

Chilischoten halbieren und Kerne entfernen. Von einer halben Limette die Schale abreiben. Limetten halbieren und den Saft auspressen. Limettensaft und -schale, Gemüsebrühe, Ingwer, Chili und Zucker in einen Mixbecher füllen und mit einem Stabmixer vermischen. Dann Rapsöl während des Mixens vorsichtig hinzugeben. Dressing mit Salz und Pfeffer abschmecken.

Knoblauchdressing

100 ml Sojajoghurt
50 ml Rapsöl
50 ml Gemüsebrühe
3 Knoblauchzehen
1 TL Zitronensaft
½ TL Senf
½ TL Apfelsüße
Salz und Pfeffer aus der Mühle

Sojajoghurt, Senf, Knoblauch, Zitronensaft, Apfelsüße und Pfeffer in einen Mixbecher füllen, mit einem Stabmixer zuerst einmal kurz aufmixen, dann Gemüsebrühe und Rapsöl einarbeiten. Dressing mit Salz abschmecken.

222 einfach vegan – draußen kochen / Allerlei für drauf und dran

Kräuterdressing

Fruchtfleisch der Avocado herausschaben und mit Sojajoghurt, Apfelessig, Kräutern, Salz und Pfeffer mit einem Stabmixer pürieren. Je nach gewünschter Konsistenz etwas Wasser unterrühren.

½ Avocado
100 g Sojajoghurt
4 EL gehackte Kräuter
(Petersilie, Kerbel,
Schnittlauch ...)
1 TL Apfelessig
Salz und Pfeffer aus
der Mühle

Thousand-Island-Dressing

Schalotte, Paprika und Essiggurken klein schneiden. Mayonnaise mit Sojajoghurt, Ketchup, Schalotten, Paprika, Essiggurken, Kapern, Wasser, Zitronensaft und Cayennepfeffer in einen Mixbecher geben und mit einem Stabmixer pürieren. Mit Salz abschmecken.

150 g vegane Mayonnaise
(siehe S. 219)
50 g Sojajoghurt
2 Essiggurken
¼ rote Paprika
1 Schalotte
3 EL Ketchup (siehe S. 219)
3 EL Wasser
2 Tl Zitronensaft
1 TL fein gehackte Kapern
Cayennepfeffer
Salz

Dressings für jede Gelegenheit

Allerlei für drauf und dran / draußen kochen – einfach vegan

Und noch was Leckeres

Veganer Frischkäse

1 l Sojadrink
Saft 1 Zitrone

Sojadrink in einem Topf zum Kochen bringen. Zitronensaft langsam unterrühren. Geronnenen Sojadrink vom Herd nehmen. Ein ausreichend großes Sieb mit einem Geschirrtuch auslegen und den Sojadrink in das Sieb gießen. Das Geschirrtuch mit einem Faden zusammenbinden und am besten über dem Waschbecken am Wasserhahn aufhängen. Den Frischkäse gut abtropfen lassen und je nach gewünschter Konsistenz mehr oder weniger stark ausdrücken.

Maiwipferlhonig

1 l Wasser
800 g junge Fichtentriebe
(von Ende April bis Mai
vom Baum schneiden)
800 g Zucker

Fichtentriebe mit Wasser bedecken und einmal aufkochen lassen. Ca. 2 Stunden auf kleinster Flamme mehr ziehen als köcheln lassen. Über Nacht auskühlen lassen und anschließend abgießen. Flüssigkeit und Zucker abmessen. Das Verhältnis sollte 1:1 betragen. Zucker in der Flüssigkeit auflösen und aufkochen lassen. Sirup einreduzieren lassen, bis er die Konsistenz von Honig erreicht hat. Anschließend in sterilisierte Gläser abfüllen und noch heiß verschließen.

Allerlei für drauf und dran / draußen kochen – einfach vegan

Draußen kochen

Rezeptregister von a bis z

A

Aioli	217
Apfelkren	217
Apfel-Walnuss-Sauce	217
Aprikosen-Mohn-Kuchen	173
Aprikosensenf	218
Antipasti-Sandwich	35
Arabische Kartoffelbratlinge an Balsamicoschalotten und Salatherzen	37
Artischocken mit Wasabimayonnaise	41
Auberginenburger	43
Auberginenröllchen mit veganem Käse auf Radicchiosalat	45
Auberginensalat mit marinierter Petersilie	47

B

Bagel mit Kartoffel-Karotten-Creme	175
Balsamicodressing	222
Bärlauchgrillkäse mit Gurken-Tomaten-Salat	49
Barbecue-Marinade	214
Balsamicobutter	211
Bohneneintopf mit Polentaknödeln	19
Buchweizenpfannkuchen mit Brokkoli-Kartoffel-Füllung	177
Brokkoli mit Reisbratlingen	51

C

Chapati	179
Chillidressing	222
Cevapcici mit geschmortem Gemüse und Preiselbeermarmelade	53
Chicorée mit Kartoffelscheiben und Zitronendip	55
Chilibutter	211
Cocktailsauce	218

D

Dinkel-Kohlrouladen mit Haselnussbutter	57

E

Einfache Marinade	214
Erdäpfelkas und Liptauer mit Brötchensonne	181
Erdbeeren vom Grill mit Apfel-Lavendel-Sorbet	59

F

Fenchelsalat	61
Feurige Sauce 1	218
Feurige Sauce 2	219

G

Gebackene Birne mit Schokoladensauce	63
Gebackene Kartoffeln mit Erbsencreme und Tomatensalat	65
Gebackene Topinambur	67
Gebratene Nudeln mit Gemüse	69
Gefüllte Champignons mit Bohnencreme auf Ciabatta	71
Gefülltes Picknickbrot	185
Gefüllte Rote Bete auf weißer Pfefferpolenta mit Balsamicobutter	73
Gefüllte Zwiebeln mit Salat aus grünen Bohnen	75
Gegrillte Avocado mit Tomatensalsa	79
Gegrillte Babymaiskolben	81
Gegrillte Birnen an Portulaksalat mit Granatapfel	83
Gegrillte Mango mit Mangomark	85
Gemüsepaella	87
Gemüsepasteten	187
Geschmorte Pastinaken	89
Geschmorter Knoblauch auf Thymianfladen	91
Gewürzmischung 1	215
Gewürzmischung 2	215

Griechisches Halva mit marinierten
   Erdbeeren 189
Grießschnitte mit marinierten Erdbeeren 93

H

Himbeeren im Reisblatt mit
   Himbeermark 95
Hirse-Bärlauch-Bratlinge mit Shiitake
   und gegrillten Tomaten 97

J

Joghurtmarinade 215

K

Karamellisierte Kochbananen mit
   Cranberrysauce 99
Karottenhummus mit Gemüsesticks 191
Käsespätzle 21
Ketchup 219
Kichererbsenburger mit Wedges
   und Maiskolben 101
Kleine Gemüsestrudel 193
Knoblauchbutter 211
Knoblauchdressing 222
Knoblauch-Gurken-Dip 81
Kochbanane mit Avocadodip 105
Kräuterbutter 212
Kräuterdip 219
Kräuterdressing 223
Kürbis auf Bulgursalat 107
Kürbisspieß im Wrap mit Avocadodip 109

M

Mayonnaise 219
Maiwipferlhonig 225

N

Nudelsalat für unterwegs 195
Nussbutter 212

O

Okraschotencurry aus dem Wok 113

Orangen-Sesam-Marinade 216
Orientalische Kichererbsenspieße 115

P

Pancakes mit gebratenen Apfelspalten 117
Paprikagrillkäse mit lauwarmem
   Tomatensalat 119
Pfannengyros in Pitabrot 121
Pfefferpolenta mit Wurzelgemüse
   und Erbsencreme 123
Pimientos mit Kräuterbaguette 125
Polentaspieße 199

R

Rolands Quesadillas mit
   Süßkartoffelsalat 127
Rosmarinkartoffeln mit Zaziki aus
   dem Römertopf 23
Rote-Bete-Salat en papillote vom Grill 129
Rustikaler Pizzafladen 131

S

Schalotten-Chili-Spieße mit
   Kichererbsensalat 135
Schnelle Birnentarte 137
Schokokuchen im Glas 201
Schwarze-Bohnen-Frikadellen
   mit Mangosalat 139
Schwarzwurzeln auf Linsensalat
   mit feuriger Sauce 141
Seitanpfanne 27
Seitanröllchen auf Pusztakrautsalat
   und Senfragout 143
Seitan-Tandoori-Spieße 147
Selleriesteaks mit mariniertem Wurzel-
   gemüse und Sesambutter 149
Senfragout 220
Sojaschnetzel-Kartoffel-Gulasch 29
Spargel mit Rucoladressing 151

Rezeptregister von a bis z

Spezialsenf 220
Spinattaschen 205
Spitzpaprika mit Kartoffelfüllung
  auf Spinatsalat 153
Steckrübenscheiben mit Orangen-
  Wirsing-Salat 155
Steinpilze an Blattsalaten
  mit Himbeerdressing 157
Stockbrot 31
Süße Chilimarinade 216
Süßkartoffeln mit Koblauchgurken 159

T
Thousand-Island-Dressing 223
Tofuecken mit Gurkensalat 161
Tofuspieß auf Krautsalat 163
Tomaten-Chilli-Dip 81

V
Veganer Frischkäse 225
Veganes Temaki 207

W
Weißbrot aus dem Römertopf 167
Wokkürbis 169

Z
Zitronenbutter 212
Zitronenmarinade 216
Zwiebelsenf 220

einfach vegan
draußen kochen
VON GRILLEN BIS PICKNICK

Der Koch

Roland Rauter ist gelernter Koch und seit Jahren Veganer aus Überzeugung. Nach der Kochlehre zog es ihn in seinen Wanderjahren durch Küchen im In- und Ausland, wobei er auch in der Spitzengastronomie gearbeitet hat. In den letzten Jahren hat er als Bereichsleiter und Küchenchef Jugendliche mit Hörbehinderung und Sonderförderbedarf im Bereich Küche ausgebildet. Mit seinen Büchern möchte er nun zeigen, dass die vegane Ernährung eine genussvolle Alternative zum Verzehr von tierischen Produkten ist. Außerdem veröffentlicht Roland Rauter im »Engelmagazin« und in seinem Blog regelmäßig neue Rezepte.
Weitere Informationen zur Arbeit von Roland Rauter finden Sie unter: www.rolandrauter.at

Die Fotografin

Alexandra Schubert fotografiert und dekoriert mit viel Liebe bis ins kleinste Detail. Seit 2010 arbeitet die gelernte Werbefotografin auch im Bereich Foodfotografie und hat unter anderem für das »Engelmagazin« schon viele schmackhafte Gerichte in Szene gesetzt.
Weitere Informationen zur Arbeit von Alexandra Schubert finden Sie unter: www.myshoots.de

Vegane Küche ist alles andere als langweilig!

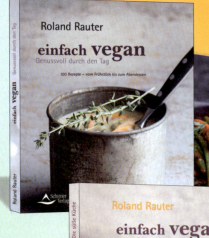

Die Rezepte des Spitzenkochs Roland Rauter machen Lust aufs Nachmachen und Ausprobieren. Nicht der Verzicht auf tierische Produkte oder deren Ersatz stehen bei ihm im Vordergrund, sondern das Entdecken der Vielfalt der veganen Ernährung.

EINFACH VEGAN – GENUSSVOLL DURCH DEN TAG
ISBN: 978-3-8434-1055-7 / € 19,95 [D] / 20,60 [A]

EINFACH VEGAN – DIE SÜSSE KÜCHE
ISBN: 978-3-8434-1081-6 / € 19,95 [D] / 20,60 [A]

VON CHRISTSTOLLEN BIS ZIMTSTERN
VEGANE WEIHNACHTSBÄCKEREI
ISBN: 978-3-8434-5056-0 / € 6,95 [D] / 7,20 [A]